拈一朵情花，呷一口墨香。

当时只道是寻常：
纳兰性德词传

（清）纳兰性德 /著

泉凌波 聂小晴 /编

吉林出版集团股份有限公司

图书在版编目（CIP）数据

　　当时只道是寻常：纳兰性德词传/（清）纳兰性德
著；泉凌波，聂小晴编 . —— 长春：吉林出版集团股份有
限公司，2018.9

　　ISBN 978-7-5581-5772-1

　　Ⅰ . ①当… Ⅱ . ①纳… ②泉… ③聂… Ⅲ . ①纳兰性
德（1654-1685）- 传记 Ⅳ . ① K825.6

　　中国版本图书馆 CIP 数据核字（2018）第 221440 号

DANGSHI ZHI DAO SHI XUNCHANG：NALAN XINGDE CI ZHUAN
当时只道是寻常：纳兰性德词传

著　　者：（清）纳兰性德
编　　者：泉凌波　聂小晴
出版策划：孙　昶
责任编辑：王　妍　姜婷婷
装帧设计：韩立强
出　　版：吉林出版集团股份有限公司
　　　　　（长春市福祉大路 5788 号，邮政编码：130118）
发　　行：吉林出版集团译文图书经营有限公司
　　　　　（http://shop34896900.taobao.com）
电　　话：总编办 0431-81629909　营销部 0431-81629880 / 81629900
印　　刷：天津海德伟业印务有限公司
开　　本：880mm×1230mm　　1 /32
印　　张：6
字　　数：150 千字
版　　次：2018 年 9 月第 1 版
印　　次：2021 年 5 月第 3 次印刷
书　　号：ISBN 978-7-5581-5772-1
定　　价：32.00 元

印装错误请与承印厂联系　　电话：022-82638777

前言

　　纳兰性德，原名纳兰成德，字容若，顺治十一年甲午农历腊月十二（公历 1655 年 1 月 19 日）出生。同年三月，清朝圣祖玄烨出生，如果以旧历计，与纳兰性德同龄。二人日后的亲密关系，冥冥中似乎早已有了定数。

　　纳兰性德之父明珠是年二十岁，任銮仪卫云麾使。纳兰性德之母觉罗氏是英亲王阿济格正妃第五女，她是在顺治八年嫁给明珠的，后被封为一品诰命夫人。纳兰家族十分显赫，隶属满洲正黄旗，是清朝初年满族八大姓氏里最风光、最有权势的家族，也就是后世所称的"叶赫那拉氏"。

　　追溯纳兰家的兴盛起源，要说到纳兰性德的曾祖父。纳兰性德的曾祖父名叫金台石，是叶赫部贝勒，其妹孟古于明万历十六年嫁给努尔哈赤为妃，生皇子皇太极。这之间的关系令之后的纳兰家族与皇室有了紧密的联系。这场联姻使得纳兰家族的势力节节攀升，当到了纳兰性德出生的时候，纳兰家族在清王朝已经是权贵之家了。可以说，纳兰性德一出生就被命运安排到了一个天生贵胄的家族中，他是衔着金汤匙出生的富贵公子，注定了一生荣华富贵，锦衣玉食。但命运弄人，这样一个贵公子，却偏偏是"虽履盛处丰，抑然不自多。于世无所芬华，若戚戚于富贵而以贫贱为可安者。身在高门广厦，常有山泽鱼鸟之思"。

纳兰性德的悲剧命运也似乎是与他的天生富贵一起注定的，上天总是公平的，它给予你一样东西，必然也会收回一样。纳兰性德拥有令全天下男子都艳羡的财富与门第，却有着一个孱弱的身体，他自幼身患寒疾，这难以根治的疾病总是会时不时爆发，折磨着他。

所以，纳兰性德性情中忧郁淡漠、伤感悲情的一面也是可以理解的。因为自身的疾病，纳兰性德在青春大好的年华，有很长一段时间是在病榻上度过的，所以在他的词作中，总是充满了无聊悲凉，甚至有些戚戚然的情绪。

不过这些都无法遮掩纳兰性德在清朝词坛的光芒，作为一个后起之秀，纳兰性德在词的造诣上渐渐无人可及。清朝初年的词坛景象较为不景气，好的词作者并不多，词坛一片寂寂无声之景象，纳兰性德犹如一颗新星，在清初词坛掀起轩然大波。在当时词坛中兴的局面下，他与阳羡派代表陈维崧、浙西派掌门朱彝尊鼎足而立，并称"清词三大家"。年纪轻轻就鼎立词坛，纳兰性德的才华不容小觑。更主要的是，纳兰性德是满族显贵，他并没有接受过系统的汉文化，却能将汉文化掌握并且运用得如此精深灵动，这才是纳兰性德最让人称奇的地方。

纳兰性德的词清新隽秀、哀感顽艳，颇近南唐后主。纵观纳兰性德的词风，清新淡雅间又不乏真情实意，虽然多是哀婉抒情之词，却并不艳俗，反倒是清新脱俗，不流于坊间一些低俗之作，有着自己独特的风格和特色。

作为一个满族人，纳兰性德对汉文化的学习不遗余力。他早年就勤读诗书，为汉族文化与满族文化的融会贯通打下了很好的基础。之后，在纳兰性德的青年时期，他发奋研读，并拜徐乾学为师。在名师的指导下，纳兰性德的文化功力日渐深厚，而且在拜师学习的这几年，他还主持编纂了一部1792卷的儒学汇编——《通志堂经解》，受到了皇帝的赏识。这一举动为纳兰性德日后在朝廷的发展赢得了一个头彩。不但如此，纳兰性德还熟读经史子集，并且还把读书过程中的见闻和学友传述记录整理成文，用三四年时间，编成四卷集《渌水亭杂识》，其中包含历史、地理、天文、历算、佛学、音乐、文学、考证等方面知识。可见纳兰性德有着相当广博的学识，爱好也十分广泛。

在纳兰性德二十二岁的时候，他以优异的成绩考中二甲第七名，这让他得到了康熙皇帝的赞赏和青睐。康熙皇帝后来授纳兰性德三等侍卫的官职，之后不久升为二等，再升为一等。御前侍卫是很风光的，可以常伴帝王身边。纳兰性德相貌堂堂，文才武略都很了得，而他当了御前侍卫后，更是经常随着康熙一起南巡北狩，游历四方，遍访大江南北，走访塞外山河要塞，时常与康熙皇帝一同参与重要的战略侦察，或者陪同皇帝唱和诗词，译制著述，这样的生活简直是羡煞人了。

可是纳兰性德并不满足，他虽然有着奇才，却并不留恋官场，作为诗文艺术的奇才，他在内心深处是厌倦官场的庸俗和侍从生活的，他无心于功名利禄，只想获得自由，过饮酒作诗、无拘无束的生活。

可惜世事难两全，多次受到恩赏的纳兰性德难逃圣恩，纵使他有归隐之心，家族也难以成全他的心愿。为了自己家族的荣耀和发展，他也只有做自己并不愿意做的事情，留在自己并不愿意留的地方。所幸的是，上天还是眷顾纳兰性德的，他二十岁的时候，娶两广总督卢兴祖之女为妻，赐淑人。是年卢氏年方十八，"生而婉变，性本端庄"。成婚后，夫妻二人恩爱，感情笃深，美满的婚后生活给纳兰性德的人生多少带来一些安慰。

他在此期间的词作也大多风格明亮，偏于柔美温情。可惜好景不长，婚后三年，卢氏死于产后疾病。爱妻的离去，给纳兰性德精神上带来了巨大的打击，从此他"悼亡之吟不少，知己之恨尤深"。作为情深义重的男子，纳兰性德很长一段时间都无法从卢氏的死亡阴影中挣扎出来，这段时间写下了大量的悼亡诗，祭奠他和卢氏之间的情感。古时男子当以事业为重，儿女情长并不是很被看重，所以纳兰性德的这番悲情无人能懂。

这一腔的愁绪，纳兰性德无处可诉，只有寄情于诗词之中，高产的词作还有高质量的诗词，让纳兰性德著称于世。他二十四岁时，把自己的词作编选成集，名为《侧帽集》。后来因参透世事，又著为《饮水词》。他的词作非常之多，后人将他的两部词集增遗补缺，共348首（一说342首）合为《纳兰词》。

纳兰性德的词作有着汉文化的底蕴，还有满族人自身所带有的不羁、无拘无束的风格，词风清新自由，不拘于一格。内容涉及广泛，包括婚姻爱情、友谊、家庭、边塞、咏物咏史及杂感等方面。虽然词作本身的眼界并不算很开阔，高度上也无法与唐宋那些大词人相比，但他的每一首词都是缘情而旖旎，道出了极为真挚的情感。这让后人沉浸在他的词作中，无法自拔。近代著名的学者王国维就给其极高的赞扬："纳兰性德以自然之眼观物，以自然之舌言情。此由初入中原未染汉人风气，故能真切如此。北宋以来，一人而已。"况周颐也在《蕙风词话》中誉其为"国初第一词手"。可见纳兰性德词作的影响之大。

不过，后人虽然热捧纳兰词，却未必能够真懂纳兰词中的真含义。纳兰性德的好友曹寅在《题棟亭夜话图》中就哀叹道："家家争唱饮水词，纳兰心事几曾知？"

是的，纳兰词虽然流传天下，纳兰性德虽然名满天下，可是人们在争相诵读纳兰词的时候，纳兰性德那"如鱼饮水，冷暖自知"的心事究竟又有几人懂得？纳兰性德这位相府的贵公子、皇帝身边的大红人，写入词中的点点斑驳心情和刻骨铭心的愁苦，谁人又能真的懂得？只怕是纳兰性德的亲生父亲明珠，也难以懂得。

纳兰性德享尽了别人眼中的快乐，而他自己内心却无法体会到快乐的真谛。纳兰性德死后，纳兰家族似乎也失去了生机，随后便日渐衰落。政治间的权力争斗无声无息，却是无比凌厉，纳兰家族最终落没在了这场争斗中。所幸的是，纳兰性德早逝，没有看到自己的家族落入尘土中，被人遗忘。这也算是不幸中的幸事了。多年以后，乾隆晚年，和珅为了博得圣上龙颜一悦，献上了一部《红楼梦》，乾隆读罢后良久，掩卷长叹一声："书中所写，不正是明珠的家事吗？"世事无常，纳兰性德最终还是逃离了残忍的惩罚，没有目睹家族的衰败，不然那时，他又该何去何从呢？

　　轻轻翻开这本书，仿佛能看到那个拥有着绝世才华、出众容貌、高洁品行的人站在那里，散发着一股遗世独立、浪漫凄苦的气息，华美至极，多情至极，深沉至极，孤独至极。一个才华横溢、欲报效国家而早早离世，一个因爱而陷入爱的旋涡中挣扎的多情男子，都被尘封在这本书里。

目录

纳兰性德词传

纳兰性德词传

楔子

清顺治十一年，农历十二月十二，大雪已经落了好几天，把整座北京城都笼上了一层银白色的幕帏，千里冰封，连紫禁城金黄色的屋顶也都被雪白的雪覆盖了，宫殿变得像雪塑冰雕一般，褪去了往日的巍峨雄伟，带上了一些别样的晶莹洁白。

覆雪的屋顶蜿蜒着，从紫禁城一直延伸到四周的寻常民居上、花木上，在寂静的夜里勾勒出连绵起伏的曲线。

在这些被大雪覆盖的屋顶下面，有一处寻常的宅子，和其他官员的宅子相比，并没什么特别之处，一样的青砖青瓦，一样三进三出的四合大院。

昨夜下了一夜的雪，雪花连绵不断，直到快天亮的时候，才缓缓停了，雪光透了上来，乍一看，就像是已经天亮了一样。

天际开始有了一些光芒，蓝色琉璃般的曙色渐渐亮了起来，薄薄的，透明的，从雕花的窗棂间像是有生命似的钻到屋里，缝隙间隐隐有着一丝清冷之气，带着新雪的气息，缓缓飘散在屋内如春的暖意之中。

屋子里点着红泥火炉，炉中的红炭大部分都已被烧成了灰，只有些火星在一闪一闪的。绸帷低垂，把暖炉带来的暖意都给笼在了金装玉裹之中，一室皆春。

兴许是累了，仆役们要么斜靠在墙壁上，要么就低着头，都抵不住浓浓的睡意，在打着瞌睡。

描金绣纹的罗帐内，明珠夫人——英亲王第五女觉罗氏正沉沉地睡着，秀美的脸庞上还带着重重的憔悴之态，她的身旁则躺着刚出生还不满一天的孩子——纳兰性德。

对全家人来说，这个孩子的降生，代表着满族最显赫的八大姓之一的纳兰氏，有了正式的继承者！

而尚在沉睡中的孩子，完全不知自己已经降生到一个与皇室有着千丝万缕关系的天皇贵胄之家，从此富贵荣华，繁花似锦；更不知在今后的岁月中，他的名字，总会与"词"联系在一起，且被后人们赞为"清朝第一词人"。

家家争唱饮水词，纳兰心事几曾知？

在他短短的三十年人生中，他家世显赫，仕途亨通，名满天下；更有爱着他的妻子，仰慕他的妾，还有才貌双全、至死不渝的情人，心意相通的朋友。对历朝历代怀才不遇最终郁郁而亡的无数人来说，他已经算十分幸运的了，简直就像是上苍的宠儿，来到这人间，体验一番红尘颠倒，人世沧桑。

也许正因为此吧，上苍终究舍不得让自己的宠儿离开太久，只不过匆匆三十年，就再度把他召回到自己的身边，留下一些隐隐约约的传说，在风中耳语着，述说着他与那几位女子缠绵悱恻的爱情，与知己相濡以沫的友情，还有他内心不为人知的痛苦——不是人间富贵花，奈何生在富贵家！

　　他流传至今的 348 首词，清丽哀婉，仿佛能挑动人心中最深处的那根弦，颤动不已。

　　人生若只如初见。

　　王国维有评："北宋以来，一人而已。"

第一章

诞生 谁怜辛苦东阳瘦

纳兰性德，原名纳兰成德，字容若，号楞伽山人，武英殿大学士明珠长子。现存词作348首，著有《侧帽集》《饮水词》，后人将两部词集增遗补缺，合为《纳兰词》。

其词哀婉清丽，颇有南唐后主遗风。

"桐花万里丹山路，雏凤清于老凤声。"

顺治十一年甲午农历腊月十二，纳兰性德出生于京师明珠府邸。

第一次见到纳兰性德这个名字，是在我很小的时候偷偷看梁羽生的武侠小说时。那时年纪小，似是而非，也未必就能把小说给看懂了，可当眼中突然出现"纳兰性德"四个字的时候，不知为何，小小的心弦竟为之轻轻颤动了一下。

也许是因为那四个字组合起来，有种奇妙的、仿佛画一般意境的音节吧？

字简单，并不生僻，一旦组合在了一起，却给人一种美妙的感觉，令人不禁心驰神往。

那有着这样一个美丽名字的少年公子，该是怎样的风度翩翩，宠辱不惊？该是怎样的谦谦君子，温润如玉？

几千年前那些善良的人们，在《国风·卫风·淇奥》中赞道："有匪君子，如切如磋，如琢如磨"，便是对翩翩君子们最恰到好处的描写。

君子当如玉。

君子当翩翩。

君子当是浊世佳公子，来于世，却不被世俗所侵。

而千年前的人们又怎么会预料得到，在千年后，竟有一位出生在冬季大雪纷飞之时的少年，仿佛是那传世的诗篇中走出来的一般，翩翩来到我们的眼前。

纳兰性德，自此，带着他与生俱来的绝世才华，仿佛天际翩然而落的一片新雪，带着清新的气息，缓缓地、缓缓地坠入这尘世间。

那时，他还只是个小名叫"冬郎"的少年，浑然不知自己今后的命运，注定要在金装玉裹的锦绣堆中惶惶然荒芜了心境，纠缠在理想与现实中，而与几位女子缠绵悱恻，终是痛苦了自己的心，情深不寿。

而那时，他也只是像所有的年轻人那样，在暮春时节看落花满阶，带着少年天真的眼波流转。

看天下风光，看烟雨江南，看塞外荒烟，夜深千帐灯。

那时，少年不羁。

那时，少年得志。

第一节　纳兰家世

有这样一种人，他似乎生来就该被我们钟爱，被小心翼翼地呵护着，不吝于用最美好的词汇去描述他的形象，去赞美他无与伦比的才华。

仔细想来，纳兰性德不正是如此？

即使他已辞世几百年，我们依旧乐于用这世上无数美好的形容词去形容他，去想象他那短暂的一生。

浊世翩翩佳公子，当是最恰当的描述了。

纳兰性德是满洲正黄旗人，父亲是康熙年间名噪一时的重臣明珠，官居内阁十三年，"掌仪天下之政"，倒是完完全全称得上"权倾朝野"。只可惜这么个长袖善舞的人物，在官场中也免不了经历荣辱兴衰、起起落落，在他晚年的时候，被康熙罢相，一下子从官场的顶峰狠狠摔了下来。

总之这一下摔得够惨，很多关于他的资料就都因此湮没不详了，偌大的家族七零八落是免不了的。而和他同样鼎鼎大名，只不过是在另一个范围内有名的儿子纳兰性德，却因为过世得早，反而避过了眼睁睁看着自己的家在一夕之间从云端跌入谷底的悲剧。

在北京的西郊有一块《明珠及妻觉罗氏诰封碑》，上面记载的，就是这位曾经权倾一时的明珠的仕途经历，从一开始的御前侍卫，逐步升到太子太傅、武英殿大学士兼礼部尚书，平步青云、扶摇直上，甚至可以说是飞黄腾达。

这样一位在官场之中长袖善舞的人物，自然不可能是庸碌之辈。

根据记载，明珠在平定三藩、统一台湾、抗御外敌等重大事件中，都是相当关键的角色，若非最后跌了那狠狠的一跟头，未尝不会继续风光下去。

和电视剧《康熙王朝》中所演稍微有点儿不一样的是，历史中的明珠与阿济格的女儿成婚，倒可以说是冒了很大风险的。

阿济格是多尔衮的哥哥，战功赫赫却没什么政治头脑，最后落得个被囚禁的下场，儿女们赐死的赐死，贬为庶人的贬为庶人，这样的姻亲关系，对明珠来说，肯定是不能帮助他在官场中步步高升、一路青云直上的。当然，如人饮水，冷暖自知。以当时明珠一介卑微的小侍卫来说，能"高攀"上阿济格的女儿，到底是怎么想的，也只有明珠自己知道了。

反正在以后的岁月里，夫妻二人还是把日子给过了下去。

在外，明珠在官场中游刃有余；在内，觉罗氏把家操持得妥妥当当，让自己的丈夫毫无后顾之忧。

若是以政治婚姻来说，这样的相处也未尝不是一种美满。

而就在这样的"美满"之下，纳兰性德出生了。

对当时的明珠与觉罗氏来说，他们也完全没有料到，这个出生于寒冬腊月的孩子，未来将会被赞誉为"清朝第一词人"吧？

明珠与纳兰性德，一对父子，同样的大名鼎鼎，却又如此不同。

一个在官场长袖善舞，一个在词坛游刃有余。

纳兰性德永远也不明白，父亲是如何在无数人虎视眈眈中一步一步毫不犹豫而又铁腕地攀爬到顶点的位置，一人之下万人之上，在百官之中呼风唤雨的。

就像明珠永远也不明白，自己为儿子精心规划的，已经铺设好了的那条通往荣誉的道路，为什么儿子却是如此不情不愿以至于抗拒。

第二节　"性德"之名的由来

1655 年 1 月 19 日，也就是顺治十一年甲午农历腊月十二，纳兰性德生于京师明珠府。

那时候，他的父亲明珠才二十岁，风华正茂，为这个孩子取名叫"成德"。

纳兰成德。

其实他原来一直都是叫"成德"，只是在二十多岁时为了避皇太子的名讳，才改名叫"性德"。

但是在人们约定俗成的观念中，更喜欢叫他"纳兰性德"，以至于原名反倒鲜有人知晓了。

那我们也不妨约定俗成一下，还是用那个人们都十分熟悉的名字来称呼公子吧！

其实"成德"二字，在古代典籍里面出现的次数不少。

南宋朱熹《论语集注》："言学者当损有余，补不足，至于成德，则不期然而然矣"；《宋史》中也有言："惟俭可以助廉，惟恕可以成德"；《易经》中更说："君子以成德为行，日可见之行也。"

同样是"成德"两字，意义却各有不同，究竟当时明珠是想到了哪一句才会给儿子起名"成德"的，无人知晓。

但不管是哪句，至少有一点是可以猜到的，明珠是希望自己的孩子长大之后能如"成德"二字一样，成为一名君子。

天下的父母，都是望子成龙的，从古到今，从皇侯贵族到贩夫走卒。每一个孩子的降生，都会带给父母新的希望，而名字，就是父母给孩子的第一个祝福，也是期望。

纳兰性德倒是一点儿也没辜负父亲的好意。

如今说起他，用到最多的句子，就是"浊世翩翩佳公子"。

"公子"常见，但是古往今来，够得上称为真正的"公子"资格的，还真是屈指可数。到了现代，一说起这几个字，人们脑海中条件反射出现的，大概就是纳兰性德这个名字了。

古人的习惯，除了姓名之外，还会给自己起字，所谓"名字"是也。纳兰性德身为一名汉文化的真正仰慕者，也自然而然地给自己起了字，就是"容若"。所以严格说起来，纳兰原名"成德"，字"容若"，只是有时候他也会效法汉人的称谓，以"成"为姓，署名"成容若"，他的汉人朋友们也大多用"成容若"这个名字来称呼他。

不过有一个名字，算得上是纳兰性德父母的专属，那就是他的小名——冬郎。

也许是因为出生在冬季的关系，纳兰性德的小名唤作"冬郎"。

看着这个名字，让人想起另外一位"冬郎"来。

"冬郎"是纳兰性德的小名，也是唐朝诗人韩偓的乳名。李商隐曾经写过一首七绝诗赠予韩偓，其中有两句"桐花万里丹山路，雏凤清于老凤声"，便是"雏凤清声"一词的由来。而韩偓是著名的神童，吟诗作文一挥而就，才华横溢，所以说，大概明珠也有把自己儿子比作那神童韩偓的意思吧？

　　究竟明珠有没有这么认为，那就是天知地知了。

　　不过最常见的解释，还是因为纳兰性德在寒冬腊月出生，所以才起了这么个小名。

第三节　幼有词才

　　据说纳兰性德最早作词，是在他十岁的时候。

　　十岁已经能成吟，由此可见明珠夫妇对纳兰性德的教育是很下功夫的，后来更是请来名士大儒顾贞观做纳兰性德的授课师傅，也让纳兰性德从此有了一位亦师亦友的忘年之交。

　　有一首词《一斛珠·元夜月蚀》，据说是他十岁的时候所作。

　　星球映彻，一痕微褪梅梢雪。紫姑待话经年别。窃药心灰，慵把菱花揭。

　　踏歌才起清钲歇，扇纨仍似秋期洁。天公毕竟风流绝。教看蛾眉，特放些时缺。

　　如今看来，这首词若说是个十岁孩子写的，词风又未免显得太过成熟了一些，而且用典颇多，从"紫姑""窃药"到"踏歌"等，颇有些风流之态，十岁的孩子当真能写得出来这样的词吗？

这确实是一个让人疑惑的问题。

不过，我们的纳兰公子是出了名的自小聪慧，读书过目不忘，也说不定当真有可能写出一首成熟的词来。这首词究竟是不是纳兰性德十岁时候写的，各有各的说法，但是，在那些言之凿凿说此词为纳兰性德十岁所写的记载中，大多会大肆渲染地描写当年那年仅十岁的稚子是如何出口成吟的。

于是我们就不妨窃喜一下，至少这也算是一种对纳兰性德才华的肯定吧。

冷香萦遍红桥梦，梦觉城笳。月上桃花，雨歇春寒燕子家。

筚篥别后谁能鼓，肠断天涯。暗损韶华，一缕茶烟透碧纱。
（《采桑子》）

如果说纳兰性德一辈子都没经历过一丁点儿的挫折，那就是骗人了。

人生在世，不如意事常有八九，帝王尚且有烦恼，更何况寻常之人？

所以天之骄子的纳兰性德，也不可避免地遇到了挫折。

那是康熙十二年，癸丑。

纳兰性德十九岁。

十七岁时纳兰性德就入了太学，国子监祭酒徐文元十分赏识他。

十八岁，纳兰性德和其他莘莘学子一样，参加了顺天府的乡试，毫无悬念地中了举人。

有时候看到这里总会忍不住想到另外一个著名的"举人"来。

范进考了一辈子的试，生活穷困潦倒，一直考到五十四岁才中了个秀才，后来终于中了举人，竟是欢喜得发疯了，挨了岳丈胡屠夫一巴掌才清醒过来。

虽然是小说家言，不过从有八股文考试起，难道不是有无数个"范进"，一辈子就只想着能考取功名，然后全家都鸡犬升天吗？

"太宗皇帝真长策，赚得英雄尽白头。"

自隋唐开始的八股文考试，让古往今来千千万万读书人都一头栽了进去。考了一辈子的试，考到白发苍苍依旧是个童生的人，不知有多少。连宋代文豪苏洵都曾发出过"莫道登科易，老夫如登天"的感慨，其难度也就可想而知了。

而纳兰性德与那些白头童生们相比，他已经是十分幸运而且出众了。

年仅十八岁就中了举人，在其他人眼中，无疑是该羡慕与嫉妒的。

所以，连老天爷都觉得他太顺利了，该受点儿挫折，于是纳兰性德在十九岁准备参加会试的时候，突然得了寒疾，结果没能参加那一年的殿试。

自然榜上无名。

在纳兰性德的一生当中，这大概可以算是他第一个小小的挫折了吧？

他没能参加那次殿试，待病好之后，是后悔呢，还是并不以为意呢？从他淡泊名利的性格上来看，有很大的可能是后者。

无论如何，纳兰性德并没有参加这一次的殿试，在其后的两年中，他一边研读一边还主持编撰了一部儒学汇编——《通志堂经解》，还编成了《渌水亭杂识》。

闲暇的时候，他依然继续写自己的词。

这一年，他写了几首《采桑子》，各有不同，其中一首便是："冷香萦遍红桥梦，梦觉城笳。月上桃花，雨歇春寒燕子家。箜篌别后谁能鼓，肠断天涯。暗损韶华，一缕茶烟透碧纱。"

不知为何，纳兰性德身在北京，可他的词却总隐隐透着一股江南三月的气息，从他的词里，能看到江南的小桥流水、杨柳明月，字里行间流露出来的是月夜下二十四桥氤氲的蒙蒙水汽，婉转而又清新。

也许纳兰性德前生是自江南雨巷中翩然走来的少年公子，撑着伞，缓缓走过时光的流转。

有时候我想，纳兰性德十九岁那年因急病而不能参加殿试，对他来说，未尝不是件幸运的事情。至少，他能有几年的时间去做自己喜欢的事情，编撰书籍，吟咏诗词，而不是在官场中渐渐磨掉他天生的才华。

可是，这也只是后人的揣测罢了。

他当时到底是如何想的，如今谁又能说得清楚呢？

初恋 一生一代一双人

"一生一代一双人，争教两处销魂。相思相望不相亲，天为谁春。"

康熙六年丁未年，纳兰性德十二岁。

也就在这一年的七月，康熙皇帝亲政。

康熙七年，纳兰府迎来了三年一度的选秀，纳喇氏入宫。

纳兰性德是以"清朝第一词人"的称号扬名的。

后人对他也颇多推崇，有赞其为"国初第一词手"的，也有赞他"纳兰小令，丰神炯绝"的，而最多的还是说其"《饮水词》哀感顽艳，得南唐二主之遗"，尤其是在《词话丛编》中，对纳兰词颇多赞扬。

当然，也有一些批评的声音，陈廷焯的《白雨斋词话》就明确地这样说道："容若《饮水词》，才力不足。合者得五代人凄婉之意。"

想来，也许是因为他的词大多以花前月下的题材为主，所以给人比较小气的感觉，虽然也偶有雄浑之作，不过终究还是显得视野不很宽阔，也就难怪有后人会说他的词略显局限了。

撇开这些不谈，光是说他的《饮水词》，确确实实清丽美妙，初读，颇有后主的感觉，再读，便是妙不可言。

也因为纳兰词中的那些对感情与心境的细致描写，很多人都不免对这位豪门公子的感情生活产生了兴趣。

"八卦"乃是人类的天性，谁都抵抗不住自己的好奇心，所以"狗仔队"才会有如此旺盛的生命力，堪比"小强"。之所以我们乐于见到八卦，尤其是名人的八卦，火得一塌糊涂，也可以说是因为其在很大程度上满足了观众们的猎奇心理。

而有着"清朝第一词人"美誉的纳兰性德，有着权臣公子身份的纳兰性德，不消说，也会有不少人关注着他的"八卦"。

从古到今皆然。

第一节　青梅竹马

根据记载，纳兰性德有妻子卢氏、妾颜氏，后来卢氏病故，便续弦官氏，还有著名的江南才女沈宛，这些算是时人笔记上明确记载了的，不过在野史中，不少人言之凿凿地说，其实纳兰性德还有个心爱的表妹，后来被选进了宫里，劳燕分飞，纳兰性德一直念念不忘。

纳兰性德和他这位传闻中的"表妹"，后人研究说，也许这便是《红楼梦》中贾宝玉与林黛玉的原型。

当初乾隆在看过《红楼梦》之后，曾说过这样的一句话："此乃明珠家事作也。"明珠家与曹家有着相似的荣衰经历，难免会有人认为，明珠是"贾政"的原型，那么纳兰性德，自然就是"贾宝玉"的原型了。

至于那位传说中的表妹，大概也就因此而"诞生"了吧？

又说，这位表妹才貌双全，与纳兰性德青梅竹马，两小无猜，倒是公认的男才女貌，一双璧人。

那时年少的纳兰性德，还有那位美丽的少女，若是就这么一直青梅竹马下去，大概成亲也是顺理成章的事情了。

但是，现实总是残酷的。

如果这位表妹当真是存在的，那么按照当时的规矩，凡到选秀女之年，一般是三年一次，家里有十三岁到十五岁的少女，而且是嫡亲女孩儿的旗人家庭，都必须先参加选秀，只有落选后，才能自行婚配，这是一种强制性的制度，所有的旗人家庭都不能拒绝。

所以，纳兰性德的表妹就这样被选进了皇宫之中。

以她的家世、相貌、才华，大概落选的可能性也很小，而结果一点儿也没有意外，她果真被选中了，一入宫门深似海，从此萧郎是路人。

纳兰性德当时是什么样的心情，大概能猜得到，总之是念念不忘。据说是为她愁思郁结，无论如何都想再见一面，后来伪装混进了宫里，终于与自己的表妹见了最后一面。

当然，这只是传说，并没有任何的史料依据，但纳兰性德的这桩似是而非、真假莫辨的感情，或者说是初恋，在后人的猜想中，逐渐变得朦胧而美丽起来，带着"此事古难全"的遗憾，演绎出无数的版本。

夕阳谁唤下楼梯，一握香荑。回头忍笑阶前立，总无语，也依依。

笺书直恁无凭据，休说相思。劝伊好向红窗醉，须莫及，落花时。（《落花时》）

在纳兰性德大概四五岁的时候，他除了读书之外，还多了一样功课，那就是骑射。

清军入关之后，面对着辽阔的中原，面对着博大精深的中原文化，他们自豪却又自卑，羡慕的同时却又恐惧。

自豪的，是这一望无垠的江山社稷终究被他们所统治。

自卑的，是因为很清楚自己可以用刀剑打下江山，却不可以继续用刀剑统治一个高贵的文明。

羡慕的，是绵延几千年包罗万象的中原文化，给他们带来一个全新的视野。

恐惧的，却是害怕自己最终和历史上无数的少数民族政权一样，被中原文明湮没。

所以，统治者一再强调"祖宗家训"。

祖祖辈辈都是以骑射讨生活，打下了这片江山，所以八旗子孙们必须保持骑射的传统，不可有丝毫的懈怠。

居安思危。

他们羡慕着却又恐惧着几千年绵延不断的中原文化。

纳兰性德那时候不过是个几岁的孩子，对于"骑射"背后的含义，他未必明白。只不过觉得是在自己喜欢的读书之外，又多了一样功课而已。

他也没觉得自己有什么不同。

当时清军刚入关没多久，尚且保持着旺盛的斗志，所以八旗的子弟们也都是个个舞刀弄棒、弓马娴熟。所以小纳兰性德也和其他人一样，在读书之余，还要挤出时间来习武。

或者说，是在习武的空暇，挤出时间来读书。

也许因为父亲明珠是朝廷里难得的几位支持汉文化的人之一，更因为父亲精通汉语，纳兰性德从小耳濡目染，也对汉文化产生了浓厚的兴趣。

在习武之余，他像海绵一样吸收着一切能够接触到的文化。

在这方面，明珠的开通与赞成，也让纳兰性德年复一年中逐渐地文武双全起来，而不是和其他的八旗子弟一样，弓马娴熟，却对汉文化一无所知，甚至连汉语都不大会说。

所以说，纳兰性德后来以词扬名，也并非没有道理的。

如今说起他，很多人条件反射地都会想到纳兰性德的文，但事实上，当时的纳兰性德是名副其实的文武双全。

与其他的八旗子弟相比，纳兰性德便显得太优秀了。

文，他享有赞誉；武，他是皇帝身前的御前侍卫，负责保护皇帝的安危，谁能说他武艺不好呢？只是在漫长的学习岁月之中，纳兰性德渐渐地发现，骑射变成了不得不完成的任务，而读书才让他真真切切地感觉到快乐。

文武之道一张一弛，在骑射与读书之间，纳兰性德究竟比较喜欢哪一个，谁也说不清，只是旗人的武与汉人的文，就这样奇妙地在纳兰性德身上达到了一个最好的融合。

纳兰性德一直都记得，那是一个阳光明媚的午后，自己正和以往一样，在武术师傅的教导下学习武术的基础。

蹲马步对一个四五岁的孩子来说，未免太枯燥了，而且是那么辛苦，换作别家娇贵的小公子，只怕早就受不了号啕大哭起来。

但小小的纳兰性德却咬着牙坚持了下来。

因为他记得父亲曾经严肃地对自己说过，骑射乃是旗人之本，祖辈们靠骑射打下了江山，身为旗人，怎么可以不习骑射？

马步不知蹲了多久，小纳兰性德也不禁觉得膝盖开始酸起来，有点儿支撑不住了，又不敢撒娇不练，正在咬牙苦撑的时候，长长的走廊上，母亲婀娜地走了过来，唤他今天就到此为止，家里来客人了。

纳兰性德连忙去沐浴更衣，跟随母亲去前厅迎接客人，这时候，他才看到，原来是自己那位久已闻名却一直不曾见过的小表妹来家做客了。

那时候，年幼的小表妹并不知道，自己进京的目的是为了等她长到花季妙龄的时候，被父母送进宫里去。

在纳兰性德之后，明珠夫妇很久都不曾再有过孩子，所以在当时，小小的纳兰性德是没有弟弟或者妹妹的。也许是因为自己长期都被人当成弟弟一样照顾，所以对这位小表妹，纳兰性德表现出很大的好奇心来。

而更让他感到惊喜的，是这位年纪比自己小的妹妹，居然也对汉人的文化颇感兴趣，两个孩子兴趣相投，很快就熟络了。

　　与纳兰性德不一样，小表妹身为女孩儿，堂而皇之地可以不用去学习骑射，所以她能够安安心心地坐在书房内，听着授课先生的讲解，专心地聆听，只不过偶尔，一双黑漆漆、亮晶晶的大眼睛也会悄悄地从窗缝间偷看正在专心习武的表哥。

　　她也是旗人子孙，自然知道习武骑射是男孩子必须学习的功课，在授课师傅重重地一声咳嗽下，她又忙不迭地把目光收了回来，专心在自己眼前的白纸黑字上。

　　孩子总是在一天天长大。

　　不知不觉间，幼童变成了少年，纳兰性德变得英俊洒脱、器宇不凡，而原本雪娃儿似的小表妹也出落得亭亭玉立，俨然一朵含苞待放的鲜花。

　　大人们瞧在眼里，都暗自欣慰。

　　小表妹才貌双全，一旦选秀进了宫，再加上娘家的支持，还愁不能在皇宫之中找到立足之地吗？

　　他们暗地里打着如意算盘，却全然忽略掉了，或者说是刻意忽略掉了少年纳兰性德与小表妹之间那淡淡的萌动，只是以为，那不过是两个孩子一起长大的兄妹之情而已。

　　当时的少年纳兰性德与小表妹，又哪里会料到，未来竟然是如此残酷。

　　年少的他们，大概根本就不曾想过以后的事情。

　　纳兰性德年长了一些，就和其他人一样，列席在八旗战士们的阵营里，和周围无数年纪相仿的年轻人一样，是一位年轻的战士。

这天，少年纳兰性德从军营里回来，沐浴更衣过后，拜见了父母、姑姑等人，却未见到表妹的身影，有些困惑，又不好明问，只得悻悻然往内堂走去。

走着走着，他突然发现，自己的脚步竟是在不知不觉中走向表妹居所的方向。

夕阳西下，精致的绣楼掩映在繁花绿树之中，仿佛也带着少女的娇羞，在昏黄的阳光中镀上了一层淡淡的金色。

也许是心有灵犀，当纳兰性德刚走到楼下，表妹惠儿也正从楼梯上款款地走了下来。

四目相对，皆是一怔，旋即都笑起来。

纳兰性德想问表妹为何之前没在前厅，但怎么想都不知该从何问起。向来机智灵变的他，不禁有些讷讷起来，看着表妹那双明亮的眼睛，更是说不出话来了。

少年纳兰性德再聪明，也猜不透女孩子的心思。

甚至连小表妹自己，也未必说得明白。

她不知道为什么当快到表哥回家的时候，自己会突然开始在意起仪容来，见镜子里的人儿左不顺眼右不顺眼，一会儿觉得头发散乱了，一会儿又觉得早上插的那支簪子与身上的衣裳不搭配，所以一反常态，并未和往常一样去前厅迎接归家的表哥，而是在自己的闺房内细细地重新梳妆，直到自己满意了，才走出闺房，哪知刚要下楼，却见表哥正在自己的绣楼前踌躇不前。

小表妹本是有些忐忑，可见到表哥迟疑的模样，竟忍不住笑了起来。

见到小表妹忍笑的神情娇憨可爱，纳兰性德越发讪讪起来，想分辩些什么，但你看着我，我看着你，竟谁都无话可说，于是便忍不住扑哧一声笑出来。

一笑，两位年轻人顿时不复之前的羞涩与尴尬。

纳兰性德后来写了一首《落花时》，也许是这段无忧无虑的美妙时光在他的记忆里实在印象太深，所以在词中这样写道："夕阳谁唤下楼梯，一握香荑。回头忍笑阶前立，总无语，也依依。"

写的，分明就是年少时与表妹两小无猜的画面。

从词中我们可以看得出来，当时的少年纳兰性德与表妹是如何的情投意合，在他们这一双年轻人的眼中，这世间任何事物都是美好的，当然，还有两位年轻人之间那纯真的感情。

第二节　一生一代一双人的原型

一生一代一双人，争教两处销魂。相思相望不相亲，天为谁春。

桨向蓝桥易乞，药成碧海难奔。若容相访饮牛津，相对忘贫。
（《画堂春》）

有多少人最先牢记纳兰性德的词，便是这一句"一生一代一双人"。

很多时候，被感动并不是因为一篇被华丽的辞藻修饰得天花乱坠的文章，也许就只是那么一句话。

简简单单的一句话。

"一生一代一双人"，那是一对天造地设的璧人，天作之合，当不为过。

而纳兰性德笔下的那"一双人"，指的又是谁呢？

既是一双，定是一对恋人，其中一人毫无疑问，自然是纳兰性德，另外一人大概便是纳兰性德的表妹了。

那时候，纳兰性德也正年少，而表妹也是位青春年少的美貌少女，两人才貌相当，正是典型的"一生一代一双人"。

都说少年时候的感情是最单纯的，友情如是，爱情何尝不是这样呢？

纳兰性德一直清楚地记得，那是一个阳光明媚的午后。

碧空如洗，蓝得仿佛透明一般，阳光从枝蔓间洒了下来，在地面上投出斑驳的光影。

紫藤花的藤蔓下，纳兰性德就那样随意地躺着，也许是读书读累了，他用几本书枕在脑袋下，闭着眼，小憩着。

不远处传来轻轻的脚步声，纳兰性德听出那脚步声是谁，却不睁眼，只是依旧装睡，但脸上抑制不住的笑意却泄露了真相。

果然，那轻柔的脚步声在耳畔停了下来，随之传来的，是少女轻轻的笑声，仿佛清风一般，接着几朵花瓣就掉到了纳兰性德的脸上，痒痒的。

这下子，纳兰性德再也无法继续装睡，睁开眼睛，满脸笑容，看向那正俯身看着自己的少女。

那时候紫藤花正当花期，一串一串，或淡或浓，在阳光下仿佛紫水晶的瀑布一般，而那娇俏的少女就立于紫藤花瀑之下，一身淡绿色的衣裙，就像是画中的人儿，活生生地站在自己面前。

那天两人聊了一些什么，说过一些什么，早已在记忆里模糊了，只有小表妹婀娜的身影，还有漂亮的面孔上那纯净的笑容，在脑海里深深地烙下了印，每当回忆起来的时候，就带着紫藤花的香气涌了上来。

表妹的笑容是那么清楚，以至于在以后的岁月中，每当回想起来，会清楚地觉得原来回忆也是一种残忍。

当那天，父母、姑姑把自己和表妹都叫了过去的时候，见到满屋子的长辈，还有长辈们脸上那种严肃的神情，纳兰性德的心中，就隐隐有了不妙的预感。

果然，长辈们接下来的话，让纳兰性德清楚了一件事，无法回避的一件事。

小表妹已经到了选秀的年纪。

那时候的旗人少女，每一位都会得到一次"选秀"的机会，这是属于旗人少女的特有的"福利"。通过"选秀"，也许就能一夕之间飞上枝头变凤凰，然后全家鸡犬升天。

那时候的明珠，尚未成为康熙最器重的大臣，又因为先祖的关系，对自己在朝廷中的前途是有些惴惴的。

纳兰明珠的祖父金台石，是叶赫部的贝勒，后来被清朝的开国皇帝努尔哈赤给斩杀。他的儿子尼雅哈、德勒格尔归顺了努尔哈赤。而明珠，正是尼雅哈的第二个儿子。

对于自己的出身，明珠一直担心会影响到自己的仕途，而娶阿济格的女儿为妻，这对一心往上的明珠来说，不能不说是个冒险的选择。

阿济格虽然是努尔哈赤的儿子，又军功赫赫，贵为英亲王，却在残酷的政治斗争中落了下风，最后被收监赐死，家产也被悉数抄没。

大概正因为此，当时只不过是个小小大内侍卫的明珠，才有机会"高攀"上爱新觉罗氏，成为皇亲国戚之一。

在纳兰性德少年的时候，父亲在朝中的地位虽然正在不断地上升，可并未完全稳固，所以父亲需要再找一条渠道，把自己的家族和爱新觉罗家族牢牢地联系在一起，从而达到稳固自己地位的目的，而让自己家族的少女成为康熙皇帝的后宫妃子，是最好的选择。

这时候，纳兰性德与小表妹才第一次清楚地认识到，摆在他们面前的，是多么残酷的现实。

于是在多年之后，我们看到了这样的一阕词。

一生一代一双人，争教两处销魂。相思相望不相亲，天为谁春。

浆向蓝桥易乞，药成碧海难奔。若容相访饮牛津，相对忘贫。

"相思相望不相亲"，这是对一双互相深爱的恋人来说，最残酷的惩罚了吧？

彼此能够相望，彼此相思着，却不能相亲，何等的残忍！

如果当真爱有天意，那么，那灿烂的春光又是为谁而来呢？

怪不得纳兰性德会在上阕词的最后一句，几乎是从自己心底喊出这四个字——"天为谁春"！

我们仿佛能够看到这样的画面。

当纳兰性德最终与小表妹再度见面的时候，早已是斗转星移，物是人非。

昔日娇羞的少女，已成为了皇帝后宫之中的妃嫔，给家族带来了另外一种荣耀。

也许是省亲，也许是因为入宫庆贺，总之，纳兰性德终于再一次见到了自己的表妹，那记忆中的少女。

可是，见到了又如何呢？

四目相对，千言万语，最终只能化为他与她之间深深地凝望。

不敢说，不敢讲，纵有千样相思、万般心事，也只能深深地隐藏在自己的心里，在眼神交会的瞬间，讲述着自己的心意。

纳兰性德写词，善于用典，在这首词里面也不例外。

这首《画堂春》的下阕中，开首的两句，便是两个典故。

浆向蓝桥易乞，药成碧海难奔。

两个典故，一是裴航乞药，二是嫦娥奔月。

裴航乞药是出自唐人笔记里面裴航蓝桥遇仙女云英的故事。

传说裴航为唐长庆间秀才，游鄂渚，梦得诗："一饮琼浆百感生，玄霜捣尽见云英。蓝桥便是神仙窟，何必崎岖上玉清。"裴航买舟还都路过蓝桥驿，遇见一织麻老妪，渴甚求饮，妪呼女子云英捧一瓯水浆饮之，甘如玉液。航见云英姿容绝世，因谓欲娶此女，妪告："昨有神仙与药一刀圭，须玉杵臼捣之。欲娶云英，须以玉杵臼为聘，为捣药百日乃可。"裴航终于找到月宫中玉兔用的玉杵臼，娶了云英，夫妻双双入玉峰，成仙而去。

第二个典故便是大家都耳熟能详的"嫦娥奔月"的故事了。

"药成碧海难奔"这句明显是出自"嫦娥应悔偷灵药，碧海青天夜夜心"。嫦娥偷吃了丈夫后羿从西王母处求来的长生不老药，独自飞升月宫，不老不死的生命换来的是千年的孤寂。当她在月宫之中凝视着人间的时候，不知道有没有后悔自己当初的选择呢？但为时已晚，只能是碧海青天夜夜心，空对着冷冷清清的月宫，怀念着当初的幸福生活。

也许当年纳兰性德想起被送进宫里的小表妹同时，还有月宫之中那孤零零的嫦娥吧？

在纳兰性德的眼中，小表妹又何尝不是如嫦娥一般的仙子呢？可是，如今也像那嫦娥一般，独居深宫，冷冷清清，寂寥一生。

如果嫦娥不曾偷吃长生不老药，自然结局又是不同；如果表妹不曾进宫，那么他与她的命运，也将截然不同吧？

"饮牛津"出自《博物志》的一篇记载。

天河与海通，有人居海上，年年八月，见浮槎去来不失期。多赍粮乘槎而往。十余日至一处，遥见宫中多织妇，一丈夫牵牛，渚次饮之。其人还至蜀问严君平，曰："某年某日有客星犯牵牛渚，计年月，正此人到天河时也。"

说的，应该是牛郎织女的故事。

"若容相访饮牛津，相对忘贫。"

如果"我"能像那牛郎一样，不惜排除万难去天上寻找织女，只要两人能够从此在一起，即使是做一对贫困夫妻，也是心满意足的。

回想起来，纳兰性德总会觉得他与小表妹之间，青梅竹马的时间竟是那么短暂。

都说缘定三生，也许他们之间这段短暂的欢乐，却正好是用三生三世的缘分换来的，来也匆匆，去更匆匆。

那段纯洁的爱情，最终因为现实的无情，而有缘无分，空自叹息着，天为谁春！

第三节　宫墙柳，爱别离

风鬟雨鬓，偏是来无准。倦倚玉阑看月晕，容易语低香近。

软风吹遍窗纱，心期便隔天涯。从此伤春伤别，黄昏只对梨花。（《清平乐》）

纳兰性德的这位表妹，究竟在入宫后是荣幸地成了嫔妃，还是像无数的秀女一样，被锁在深深的后宫之中，已经无法得知，唯一可知的便是，当宫门重重关上的同时，也隔断了两位年轻人情投意合的心。

只是隔着一座高高的宫墙，从此形同陌路。

选秀对这位小表妹来说，代表的却是异常残酷的现实，利刃般无情地割断了她与表哥之间那萌动的情意。

看着镜子里那漂亮的面孔，双颊上还带着少女特有的红晕，小表妹不知道有没有后悔过，自己不如长得丑一点儿、蠢笨一点儿，或许能避免这样的命运吧！

　　一声叹息，是为那从此被宫墙高高圈住不得自由的小表妹，也是为墙外明知是空还苦苦守候，抱着一丝遥不可及希望的少年纳兰性德。

　　相思刻骨，阻隔在他们之间的，不仅仅是皇宫那巍峨耸立的宫墙，更有自己身后庞大的家族。

　　所以，小表妹只能在宫墙内"寂寞空庭春欲晚"，而少年纳兰性德则在宫墙外，"伤春伤别，黄昏只对梨花"。

　　可以猜想，当与自己情投意合的小表妹被送进皇宫之后，少年纳兰性德是怎么度过那段愁思郁结的日子的。

　　回想着昔日与小表妹花前月下，情投意合相谈甚欢的日子，如今屋舍依旧，长廊依旧，甚至院子里的玉兰花树也依旧，但早已物是人非，却仿若远隔天涯。

　　微风缓缓拂过，透过窗纱带来一丝凉意。天边，夕阳渐渐落下，偌大的庭院中，一个人寂寥地站立着，黄昏只对梨花。

　　这里，纳兰性德用了"梨花"一词，倒是和唐代诗人刘方平笔下的"寂寞空庭春欲晚，梨花满地不开门"中的"梨花"一词，有些异曲同工之妙。

　　那些深宫之中的妙龄少女们，不管来自天南地北也好，豪门寒户也罢，最终也逃不出"寂寞空庭春欲晚"的命运，空对着"梨花满地不开门"，何其无辜，何其悲凉。

　　于是在无数个夜晚，每当纳兰性德思念起那位咫尺天涯的小表妹时，叹息的，大概便是两人终究有缘无分，错身而过吧！

湿云全压数峰低，影凄迷，望中疑。非雾非烟，神女欲来时。

若问生涯原是梦，除梦里，没人知。（《江城子》）

风雨欲来，天上的云也显得厚重湿漉，朝远处起伏的山峦压了下来，那一层又一层的山峰烟雾缭绕，隐约迷离，仿佛被一层又一层的云雾给包裹住一般。是仙境、梦境，还是人间？远远望去，竟让人有些不禁怀疑，那到底是不是山峰，或许是传说中的蓬莱吧！所以山峰间才会有祥云缭绕。

可是，若当真是蓬莱仙境，为何神女却又迟迟不出现？

在这里，纳兰性德借用了宋玉《高唐赋》《神女赋》里神女的典故，意指神女来时云雾缭绕，身影朦胧，叫人看不见神女的真面容，只能暗自揣测。

而这一场经历，难道竟然是梦境吗？

或者说，只能在梦中，才能与自己心目中的"神女"相见吧？

最后两句，引自唐朝诗人李商隐《无题》中的两句："神女生涯原是梦，小姑居处本无郎。"

或许是纳兰性德为了表达自己对青梅竹马恋人的怀念之情，所以他在这里引用了李商隐的这两句诗，想说的，大概就是追思往事，尽管曾经有过刻骨铭心的恋情，有过青梅竹马的情投意合，但到头来，终究抵不过现实的无情碾压，那些美好的回忆不过是做了一场梦而已。

于是纳兰性德也问自己，除了在梦里，还有谁知道自己的这番心事，知道自己对那小表妹的思念之情呢！

有时候，他远远望着那巍峨的宫门，宫殿屋顶一层一层逐渐往远处延伸，高低错落，乍一看，何尝不像云雾缭绕的层峦叠嶂？

自己深深思念着的小表妹，"云深不知处"，竟不知何时才能再见一面。

现实无情地阻断了他与表妹之间的联系，更像狂风暴雨一般把两人感情的萌芽扼杀在了摇篮之中，即使如此，纳兰性德并未就此放弃爱情上的追求。

即使知道这番相思注定是空，也不妨抱着这份感情惆怅终身。

在纳兰性德眼中，那高高的巍峨的宫墙是如此的罪大恶极，生生地阻断了自己与表妹，从此只能一个墙内，一个墙外，徒留遗憾。

彤云久绝飞琼字，人在谁边，人在谁边，今夜玉清眠不眠？

香销被冷残灯灭，静数秋天，静数秋天，又误心期到下弦。

（《采桑子》）

张爱玲曾经这样绝望而且悲凉地说过："生在这世上，没有一种感情不是千疮百孔的。"

那时候，年轻的纳兰性德就已经从自己失败的初恋中，早早地尝到了这样的滋味儿。

如同金庸笔下的《神雕侠侣》里面情花的滋味。

情之为物，本是如此，入口甘甜，回味苦涩，而且遍身是刺，你就算小心万分，也不免为其所伤。多半因为这花儿有这几般特色，人们才给它取上这个名儿。

那甜美的初恋，和小表妹的两小无猜、青梅竹马，最终还是在现实那巨大而且无情的车轮面前，毫无抵抗能力地被压成了齑粉，然后在时间一遍遍的冲刷下，渐渐变成苍白的印子，然后消失无踪。

曾经那些欢乐的岁月，无忧无虑的过往，在回忆里逐渐变得苦涩起来。

如果还能相见，大概，这份苦涩也会变成甜美的吧！

可是，那道巍峨的宫墙，就像是一道永远无法跨越的鸿沟，深深地隔开了他与自己心爱的少女，再也无法得知对方的任何消息。

她过得是好还是不好？在宫中有没有受到什么委屈？

种种的担心与思念，最终都变成宫墙外无可奈何的叹息。

如果能把自己的相思之情尽数写在信笺之上，送到宫中的表妹手里，想必也是好的吧！

只可惜，这不过是纳兰性德一厢情愿的幻想而已。

他一封封写满自己心事的信，最后也只能静静地压在水晶镇纸的下面，永远都无法送出去。

"彤云久绝飞琼字"，这便是纳兰性德此刻心境最好的写照了吧！

《太平广记》中记载过这样的一个故事：

唐开成初，进士许瀍游河中，忽得大病，不知人事，亲友数人，环坐守之。至三日，蹶然而起，取笔大书于壁曰："晓入瑶台露气清，坐中唯有许飞琼。尘心未尽俗缘在，十里下山空月明。"书毕复寐。及明日，又惊起，取笔改其第二句曰"天风飞下步虚声"。书讫，兀然如醉，不复寐矣。良久，渐言曰："昨梦到瑶台，有仙女三百余人，皆处大屋。内一人云是许飞琼，遣赋诗。及成，又令改曰：'不欲世间人知有我也。'既毕，甚被赏叹，令诸仙皆和，曰：'君终至此，且归。'若有人导引者，遂得回耳。"（出自《逸史》）

　　故事讲的是唐朝开成初年，有个叫许瀍的进士在河上游玩的时候，突然得了一场离奇的大病，不省人事，亲友们都十分担心，在其身边守着，就这样过了三天。在第三天的时候，许瀍突然站起身来，在墙壁上飞快地写出一首诗来："晓入瑶台露气清，坐中唯有许飞琼。尘心未尽俗缘在，十里下山空月明。"写完之后继续倒头昏睡，和之前一样怎么叫都叫不醒，众位亲友面面相觑，惊愕不已。到了第二天，许瀍又突然站起身来，把墙壁上的第二句改成了"天风飞下步虚声"。这次倒是没有再度倒头继续昏睡，而是像喝醉了一般，也不算清醒，浑浑噩噩的，过了很久才渐渐地能够开口说话。亲友们担心地询问，他就说："我在梦里到了瑶池仙台，那里有三百多位美丽的仙女，都住在一间金碧辉煌的大屋子里面，其中一人，自称许飞琼，问我可能赋诗，等诗写好了，她又说：'不愿意让世人知道我的存在。'让我改掉其中的一句。诗改完之后，很受赞赏，于是其他的仙女又依韵和诗。许飞琼就说：'您就到此结束，先回去吧。'自己就像是被人引导着似的，又回到了人间。只是回想之前的一切，不知是真是假，是梦是幻。"

　　古代的笔记小说里面，这种遇仙的故事层出不穷，甚至还有仙女与人间的男子结为夫妻的。而许飞琼所代表的仙女形象，从古至今，都可以说是男性心目中的梦中情人。

　　所以，在这里，纳兰性德用"许飞琼"的典故来代指自己心爱的恋人，也并不为过。

　　"彤云"指的是红霞，传说在仙人们居住的地方彤云红霞缭绕，这里纳兰性德很明显是用来代指皇宫，而"玉清"应该指的是道教中仙人所住的玉清宫，自然也是代指深宫，没什么疑义。

　　心爱的表妹身在冰冷的皇宫内，音讯渺茫。如今，自己因为思念着她而夜不能寐，那皇宫内的人儿，是不是也和自己一样，今夜无眠呢？

　　大概对双方来说，这都是一个不眠之夜吧！

　　这巍峨华丽的宫墙之内，在每一个凄清的夜晚，对着镜子里的人影，只能在夜半无人之时，暗自垂泪，为她还未来得及开花便已经枯萎了的初恋，还为着心中那最深的思念。

　　镜子里的那张少女的面庞，还是那么美丽，那么年轻，只是她很清楚地知道，有些东西，已经永远地从自己的双眸里失去了，变成了内心深处最刻骨铭心的记忆，支撑着她在这步步惊心的皇宫之中坚持下去，然后在午夜梦回的时候，在她最不经意的时候，悄悄涌上心头，夜不能眠。

　　"香销被冷残灯灭"，这样的不眠夜，接下来又会有多少呢？在思念里度日如年地等待着秋天，等待着冬天，一年又一年，在光阴的流逝中怀念着自己那份夭折的初恋。

　　一道高高的宫墙，囚住了多少花样少女的青春，又扼杀了多少像纳兰性德一样还未来得及发芽的爱情。

有时候，我和你之间只有一堵墙的距离，那却是世界上最遥远的距离，永远都无法接近。

第四节　一次冲动的冒险

　　相逢不语，一朵芙蓉著秋雨。小晕红潮，斜溜鬟心只凤翘。

　　待将低唤，直为凝情恐人见。欲诉幽怀，转过回阑叩玉钗。

（《减字木兰花》）

　　小表妹被选秀入宫的事情，对纳兰性德来说，不啻晴天霹雳，是一次重重的打击。

　　原本以为水到渠成的感情，就这样被现实扼杀在摇篮之中，那小小的种子还没来得及生根发芽，就被狂风暴雨连根拔起，徒留无奈与辛酸。

　　对小表妹来说，大概从她迫不得已入宫的那一刻开始，就已经向自己今后的命运低头了吧？她知道这是无法反抗的，所以，妙龄少女默默接受了这一切，接受了命运的安排。

　　但纳兰性德却对这样的命运，发出了他微弱的抗议。

　　他也不知道当时自己怎会有那么大的胆量，竟然做出那样惊世骇俗的事情来，稍有差池，便是灭族之罪，以至于当事情过后，纳兰性德每每想起，都不禁冒冷汗。

　　但那时年少的纳兰性德，终究还是凭着自己的血气方刚，凭着自己的冲劲，做出了那件任性的事情来。

　　说是任性，也大有孤注一掷、义无反顾的意味。

对纳兰性德，或许这便是他短暂的一生中，最初的，也是最后的一次任性吧。

自从小表妹入宫之后，纳兰性德心心念着，相思刻骨，却无计可施。

皇宫大内，哪是说进去就能进去得了？就算是权臣之子，也没有例外。

看着巍峨的宫墙，纳兰性德什么法子都想过了，却还是想不出能潜进皇宫的法子来。

就在那一年，宫中有重要人物过世，既然是国丧，皇宫自然也不能免俗，大办法事道场，每日和尚僧人出入宫廷，并无阻拦。

这时，纳兰性德看到每天那些僧人们能够自由进入宫廷，灵机一动，他竟然想出个十分冒险的办法来。

他悄悄地用重金买通一名僧人，换上僧袍，装成一名小僧人，混进了入宫操办法事的僧人队伍之中。

也许是怕被人认出来，他一直低着头，小心地注意着周围的一切。

如今披上了僧袍，纳兰性德一下子有些后怕起来。

私混入宫，一旦被发现，就是死罪，而且全家人都会受到牵连。退一步说，就算当真混进了宫，那后宫如此庞大，妃嫔宫女那么多，真的能在短时间内找到表妹吗？

再退一步说，就算上天眷顾，自己顺利地找到了表妹，见到之后呢？自己要怎么做？

带她逃出这铁一般的皇宫？

纳兰性德静静地想着。

他知道自己在用最大的冒险，去追寻一个遥不可及的渺茫希望。

但是从他披上这件僧袍开始，就已经没有退路了。

纳兰性德不糊涂。他并非不明白这么做的后果，也并非看不清现实。

可纳兰性德还是不想放弃。

所以，当僧人们的队伍开始缓缓往前行进的时候，纳兰性德没有片刻犹豫，就跟着队伍一路往前走。

因为这些僧人每天都会进出皇宫，守门的侍卫并未怎么留意，验过领头者的进出令牌，再草草扫视了几眼，就放他们进去了，丝毫没有发现权相明珠之子纳兰性德混在这队僧人之中。

纳兰性德一直都低着头，见顺利进了宫，不禁暗自松了口气。

身后，陈旧笨重的门轴发出"吱嘎"的声音，重重宫门就一层层地打开，然后关上。

那一声又一声的关门声音，让纳兰性德越来越紧张。

他已经步入了深宫——

这个外臣、男人们的禁地！

他猛地睁大了双眼，连忙低下头去。

因为他看见迎面过来了一队巡逻的侍卫。

那些侍卫里面，有不少人都曾经和纳兰性德一起在旗营里操练过，彼此都是认识的，如今稍有不慎，纳兰性德就很有可能被对方认出来。

这令纳兰性德不禁紧张起来，绷紧了浑身的弦，低下头，把自己的面容隐藏在合十的手后。

暗自祈祷着。

上苍如果真的开眼，就请保佑我能够见到她一面！

一面就好！上苍，我的要求并不多，仅仅是一面就好！

看她如今怎样，是否安好……

纳兰性德在心中暗自向上苍乞求着。

纳兰性德就这样满怀心事混在僧人的队伍之中，一起往前走着。

宫殿深邃，长廊迂回曲折，就像是永远也走不到尽头。

纳兰性德并不在乎这队僧人到底会走去哪里，他在乎的，是自己究竟能不能见到表妹。

正当他以为这一次冒险会是徒劳一场的时候，前方的长廊拐弯处，出现了几位宫女的身影，远远地，朝着僧人的方向走了过来。

纳兰性德的心，一下子提到了嗓子眼儿。

因为他看到其中一位宫女的身影，与自己的表妹是那么相似，却又有些不敢确定。

只是觉得，那婀娜的身影，与记忆中小表妹的身影十分相似。

那究竟是不是小表妹呢？

纳兰性德不禁朝那方张望。

双方走得越来越近了，纳兰性德也不由得期待起来，期待着擦肩而过的刹那，可天不遂人愿，那几位宫女在长廊的拐弯处往另一个方向走去。

纳兰性德见状顿时有些着急起来。

也许是冥冥之中真有天意，仿佛心有灵犀一般，那女子突然回头看向僧队的方向。

四目相对。

纳兰性德的一颗心顿时激烈地跳动起来。

即使相隔如此之远，纳兰性德还是认了出来，对方正是自己的小表妹，虽然穿着和其他宫女一般无二的衣裳服色，梳着一模一样的发髻，但那是自己的小表妹！

心心念着的小表妹！

对方似乎也认了出来这位僧人是谁，却不敢有丝毫异样的举动。

她只是迅速把脸转了回去，身子却不由自主地晃了一下，就像是脚下的花盆底没有踩稳一样，微微有些踉跄，步子也拖拉起来，像是很不想离去，却被前后不明所以的同伴挟着，不由自主地继续往前走。

她的背影看起来是那么凄凉，带着无力抗拒的无可奈何，只是在快要走远的时候，突地抬起手，像是要扶一扶自己发髻上的玉簪，纤细的手指却轻轻扣了扣，仿佛在告诉纳兰性德，她已经见到了他。

"待将低唤，直为凝情恐人见。"

纳兰性德不是不想开口唤她，是理智及时地阻止了他，告诉他，若是出声，便是灭族之祸！

身为明珠之子的纳兰性德知道，今日的胆大包天，已经是极限。

而小表妹也知道，一旦自己情绪失控，会是什么样的后果。

他们都很清楚他们没有任性的条件！

最大的限度，只能是四目相对，然后，纳兰性德便目送着对方远去，远远地走进深不见底的后宫深处。

这一场预料之外的见面，只是发生在一瞬间，对这对年轻人来说，代表的却是前半生的告别，与后半生的永诀。

他们已经不可能再有见面的机会。

曾经萌动的美好感情，被现实残酷的狂风暴雨给摧残得一丝不留。

后来，过了很多年之后，纳兰性德有时候会想起这一次年少轻狂的重逢。

大概是因为过去太久了，纳兰性德竟会觉得，那次惊心动魄的重逢，当真发生过吗？或许只是梦幻一场吧？

但不管是梦幻也罢，现实也好，纳兰性德都深深地记得，当时表妹离去的身影，是那么无可奈何、那么恋恋不舍。

"欲诉幽怀。"

他有满腔的话想要倾诉给她，却只能把那些话深深地藏在心里，藏了一天又一天，一年又一年，最终，化成纳兰性德笔下这首《减字木兰花》。

年少时候的轻狂与任性，年少时候美好的纯洁的感情，还有那无奈的遗憾，随着岁月的流逝，最后，只在字里行间余下淡淡的、浅浅的哀伤，纪念着当时的错身而过。

从皇宫中平安回来的纳兰性德，回想起自己的这次冲动冒险，背上满是冷汗。

他当时只凭着一腔热血就什么也不顾地伪装成僧人混进宫中，只为追寻那一丝渺茫的希望。

好在上天终究还是眷顾他的，在他以为自己再也见不到表妹的时候，朝思暮想的恋人便和自己错身而过。

终是见到了一面。

最后一面。

但也是错身而过，他往东，她往西，就像两条交叉线，一次交集之后，便是越行越远，最终相隔天涯。

对于儿子的这次冒天下之大不韪，很难说明珠究竟知道不知道。

如果明珠知道儿子竟然做出这么一件胆大包天的事情来，他们全家人的脑袋就这样在毫不知情的情况下，去鬼门关滚了一回的话，只怕就算父母再淡定，儿子再优秀，处以家法都是免不了的。

纳兰性德简直就是在拿全家人的性命赌博！

好在上苍站在他这边，所以，他赌赢了，安然无恙。

但是一颗心还是在深宫之内，在小表妹的身上。

这份感情，怎么可能说放就放？说遗忘就遗忘？

所以在宫中的喜讯传来之后，全家人都为之欢呼雀跃，只有年少的纳兰性德，皱紧了双眉，闷闷不乐。

那喜讯是什么呢？

是才貌双全的表妹顺利得到了康熙的青睐，成功地从宫女变成了嫔妃。

对明珠来说，这个消息意味着他在朝廷中的权势变得更加稳固，在宫中也有了靠山，这个消息是真真切切的喜讯，所以全家上上下下都欢天喜地的，准备庆祝。

就在这一片喜庆的气氛中，纳兰性德却颇有些"冠盖满京华，斯人独憔悴"的感觉。

为了家族的利益，牺牲的是自己与表妹之间最纯真的感情，自己却无法抗拒，无能为力。

这是纳兰性德第一次感觉到来自现实的、不可抵抗的巨大压力，让一直生活在优裕的环境中、向来一帆风顺的纳兰性德清楚了一件事，那就是当理想与现实发生碰撞的时候，胜利的从来都是现实。

后来，纳兰性德把自己对表妹的这番遗憾之情写进了词中，便是另一首《减字木兰花》：

花丛冷眼，自惜寻春来较晚。知道今生，知道今生那见卿。

天然绝代，不信相思浑不解。若解相思，定与韩凭共一枝。

开篇四字，便是取自唐代元稹的《离思》一诗："取次花丛懒回顾，半缘修道半缘君。"接下来的"自惜寻春来较晚"，则是借唐代杜牧的一段情事，来表明自己的后悔之情，如果当初自己能更多一点儿勇气，能早一点儿向父母提出想要娶表妹为妻的想法，说不定，后来的一切就不会发生了，又哪里有现在的"惆怅怨芳时"？哪来现在的悔之晚矣？

自己的一片相思之情，现在也只能深深埋在心里，无人能解。

词中弥漫着一股悔恨之意，但是纳兰性德知道，"此恨绵绵无绝期"，过去了的已经不能再重来，他从此只能在词里行间表达着自己的后悔、不舍，还有怀念。

用张爱玲的一段话来做最后的总结，却是正好：

传奇里的倾国倾城的人大抵如此。到处都是传奇，可不见得有这么圆满的收场。胡琴依依呀呀拉着，在万盏灯的夜晚，拉过来又拉过去，说不清的苍凉的故事。

第三章

知己 知君何事泪纵横

> 我是人间惆怅客，知君何事泪纵横。

康熙十五年丙辰。

这一年，纳兰性德认识了他一生之中的知己至交——顾贞观。

一首《金缕曲》，"德也狂生耳"，纳兰性德的词作从此流传天下。

纳兰性德在十九岁那年因为急病而错失殿试机会，在外人看来，究竟是惋惜还是惆怅，仁者见仁，智者见智。但事实上，纳兰性德似乎并没有因为这一次的失利而一蹶不振，相反，在这几年的时间，他反倒是能够将自己大部分的心思都花在了所喜爱的诗词上，从而认识了自己一生之中视为至交的好友们。

第一节　一见如故

顾贞观，清代著名的词人，字华峰，号梁汾，著有《弹指词》。

他的名字，很多时候都是和纳兰性德联系在一起，作为纳兰性德一生之中最好的朋友，同时也是在康熙年间词坛上并驾齐驱的人物，两人的关系十分密切。康熙十五年的时候，明珠仰慕顾贞观的才气，聘请他做自己儿子纳兰性德的授课师傅。可以这样说，顾贞观与纳兰性德，是半师半友的忘年之交。

顾贞观出生名门望族，他的曾祖父顾宪成是晚明时期东林党人的领袖，前朝大儒。

说起顾宪成，很多人可能不了解，但要是说起他写的名句"风声雨声读书声，声声入耳；家事国事天下事，事事关心"，想必是耳熟能详了。

康熙十年的时候，顾贞观因为受同僚排挤，不得不辞职回家乡去，在临走之际，他愤而写下一首《风流子》，词序中自称"自此不复梦如春明矣"，反正自己在京城也待不下去，干脆回老家好了。文人的脾气一上来，倒是颇有一派"此处不留爷，自有留爷处"的气势。

不过五年之后，顾贞观再次来到了京城。

他并不是为了自己前途而再来京城的，是为了营救一位好朋友——吴兆骞。

这次，顾贞观在奔走营救好友之际，得以结识了权相明珠之子——纳兰性德。

很难说顾贞观在得知徐乾学、严绳孙要介绍纳兰性德与自己认识的时候，脑中第一个想到的，究竟是文人间惺惺相惜，还是可以借此营救吴兆骞。当时的顾贞观是初识纳兰性德，而对方却对他早已闻名已久，心存敬仰。

相约渌水亭，在徐乾学、严绳孙的相互介绍之后，顾贞观与纳兰性德算是正式见面了。

严绳孙与姜宸英甚至这样对顾贞观说过，这位年轻公子，虽然出身豪门，但是颇有古人之风，丝毫不输江湖游侠的侠骨丹心，以诗词会友，谦和清落，浑不似权相豪门的公子，反倒像世外高雅之士。

顾贞观在四处营救吴兆骞无果之际，也曾想到通过纳兰性德，让如今皇帝面前最红的权臣明珠去求情，想必让吴兆骞重返中原，不过是几句话的工夫，所以，才在徐乾学、严绳孙等人说介绍他们认识的时候，没有丝毫犹豫就答应了。

但是当两人见了面，对着纳兰性德那张纯真的、带着敬仰的面孔，顾贞观却未把吴兆骞之事说出口，那天，他们只是谈论诗词，谈论文学，互为知音。

如同俞伯牙遇到了钟子期，顾贞观也终于发现，这位比自己小很多的纳兰性德，大概才是自己真正的知音！

相见恨晚。

道别之后，年少的纳兰性德哪里能按捺得住自己的兴奋与激动之情？

他自然不可能保持沉默，满腔的激动必须得找到一个渠道发泄出来，于是，他便在一幅名为《侧帽投壶图》的画上，写下了这首《金缕曲·赠梁汾》，送给了顾贞观。

德也狂生耳。偶然间、缁尘京国，乌衣门第。有酒惟浇赵州土，谁会成生此意？不信道、遂成知己。青眼高歌俱未老，向尊前、拭尽英雄泪。君不见，月如水。

共君此夜须沉醉。且由他、蛾眉谣诼，古今同忌。身世悠悠何足问，冷笑置之而已。寻思起、从头翻悔。一日心期千劫在，后身缘、恐结他生里。然诺重，君须记。

这首词完全不似平时人们印象里纳兰词的清婉哀丽、缠绵悱恻，而是一气呵成，颇有豪气，以至于此词一出，顿时传遍京城，轰动一时，人人争相传诵。

也因为这首词，纳兰性德正式在清代的文学史上留下了属于他的位置。

《词苑丛谈》中曾这样称赞这首《金缕曲》："词旨嵚奇磊落，不啻坡老、稼轩。都下竞相传写，于是教坊歌曲无不知有《侧帽词》者。"言下之意，是把这首词看成不输给苏东坡、辛弃疾等豪放派词人的作品了，对纳兰性德此词评价之高，可见一斑。

而顾贞观收到了这幅画，看到了画旁的词，他又是怎么想的呢？

读着这首词，顾贞观心中又是欣慰，又是愧疚。

他愧疚的是，一开始，他不过是想借纳兰性德是明珠之子的身份，来营救好友吴兆骞，如今纳兰性德毫无保留地信任着自己，把自己当作知音，更用这首《金缕曲》来表白自己的心迹，回想起自己并非抱着完全单纯的目的来结识纳兰性德，顾贞观突然觉得脸烫了起来。

但欣慰的，是自己终于寻到了知音。

人生得一知音足矣！然而，又有多少人能像他这般幸运，寻找到自己的钟子期呢？

我们如今一说起纳兰词，脑子里出现的第一个词语就是"缠绵悱恻"。

确实，长久以来，纳兰性德的词作给我们留下的印象大多是清雅哀婉的，无论是"一生一代一双人"也好，"人生若只如初见"也好，还是"当时只道是寻常"，那字里行间的清丽不输给后主词，怎么也是和"豪放"或者"狂生"等词语沾不上边的。

但在这首让他享誉满京城的《金缕曲》中，纳兰性德开头第一句便是"德也狂生耳"。

"德"是谁？自然是纳兰性德。

他在与朋友的交往中，都是仿效汉人的习俗，自称"成容若"，俨然是名唤成德，字容若，与汉人的姓氏一样，所以他才会自称"德"。

"德也狂生耳"，纳兰性德这里是说自己其实也是狂放不羁的人，只是因为天意，无可抗拒，才生在了乌衣门第、富贵之家。

开篇，纳兰性德便介绍了自己的一些相关情况，接下来，他在词中用了几个典故。

"有酒惟浇赵州土"出自唐代诗人李贺的《浩歌》："买丝

绣作平原君，有酒惟浇赵州土。"意思是说，后世既无好养门客士人的赵国公子平原君，唯当买来丝线，绣出平原君的像来供奉，取酒浇其坟墓，即赵州土，来凭吊。平原君乃是战国时期的"战国四公子"之一，是赵国人，他性喜结交朋友，也是出名的仗义好客之人，大名鼎鼎的自荐的毛遂也曾是他的门客。而纳兰性德是当时权相明珠的长子，出身豪门，身份尊贵，以平原君自比，倒也说得过去。而下一句"谁会成生此意"中，"成生"也是纳兰性德的自指，乃询问其他人，谁能了解"我"的这一片心意。其实也是在暗指，自己就和平原君一样，并不在意朋友的出身，只要性情相投，自然互为知己，倾盖如故。

而"青眼高歌惧未老"中，"青眼"代表敬重的意思，出自唐代诗人杜甫的《短歌行·赠王郎司直》："青眼高歌望吾子，眼中之人我老矣。""青眼"的典故，来自昔日魏晋时期的"竹林七贤"中的阮籍。此人出了名的放浪形骸，据说能作青白眼，对讨厌的人就翻白眼，对高人雅士就露出眼珠作青眼，后来人们就用"青眼"来表示对其他人的敬重。当时纳兰性德与顾贞观都还年轻，要是按照现在的年龄划分，顾贞观不到四十岁，纳兰性德二十二岁，一位壮年，一位青年，都正是风华正茂的时候，所以纳兰性德才言道"惧未老"，劝慰顾贞观，我们都还不算老，能得到知己，又有多少人能和我们一样幸运呢？

下半阕中的"蛾眉谣诼""古今同忌"，则是纳兰性德在清清楚楚地告诉顾贞观，"我"知道你才学高博，却招来了小人的嫉妒，这种嫉贤妒能的事情，古往今来都是如此，又何必介意呢？

这世上，有人"白首相知犹按剑"，有人"朱门先达笑弹冠"，还有人"海内存知己，天涯若比邻"，更有人倾盖如故，互为知己。

纳兰性德在这首词中毫不掩饰地写出了自己那一腔的澎湃炽热之情，是如此激烈，都不像他素来的清婉哀怨的风格了。

倒是正应了他开篇的第一句"德也狂生耳"。

他在词中告诉顾贞观，"我"也不过是一介狂生，只不过生长在京城权贵之家，别把"我"当成是皇族贵胄，其实"我"也想像自己所倾慕的平原君那样，与性情相投之人成为朋友、知己，不论出身，不论贵贱。但是"我"这样的心意，又有谁能了解呢？好在终于遇到了梁汾兄，一见如故，不妨今夜就一起痛饮一番，不醉不归吧！"我"知道梁汾兄才学高博，也知道你以前遇到的那些不公正的待遇，不过世事向来如此，嫉贤妒能、造谣中伤，向来就是那些宵小之徒的卑鄙手段，梁汾兄也没必要放在心上，冷笑置之便好，更何况去徒劳的解释呢？"我"与你相见如故，结为知音，即使是横遭千劫，友谊也定然会永世长存的，即使来世，这信义也定然永远不会忘记。

顾贞观看着这首词，突然间觉得，自己苦苦找寻而不得的知音，如今可不就是天赐一般，突然出现在了自己的面前？

于是他提起笔，和着纳兰性德的韵脚，也写了一首《金缕曲·酬容若赠次原韵》：

且住为佳耳。任相猜、驰笺紫阁，曳裾朱第。不是世人皆欲杀，争显怜才真意。容易得、一人知己。惭愧王孙图报薄，只千金、当洒平生泪。曾不直，一杯水。

歌残击筑心愈醉。忆当年、侯生垂老，始逢无忌。亲在许身犹未得，侠烈今生已已。但结记、来生休悔。俄顷重投胶在漆，似旧曾、相识屠沽里。名预藉，石函记。

顾贞观一生恃才傲物，以至于招来宵小之辈的猜忌，处处被打压，仕途不顺，所以他才在这首赠还纳兰性德的《金缕曲》里面，写了这样一句："不是世人皆欲杀，争显怜才真意。"

这一句，取自杜甫的诗句"世人皆欲杀，我独怜其才"。

也许是想到自己前半生的坎坷遭遇吧，顾贞观这里不无自叹之意。在这样"世人皆杀"的环境下，纳兰性德却能如此真心真意地对待自己，叫他如何不感动呢？

顾贞观一时之间，既感动又欢喜，还有着一种"棋逢对手，将遇良才"的惺惺相惜。两词不光是词韵相同，顾贞观更是同样用了战国时期的典故，来应对纳兰性德《金缕曲》中的自况平原君。

那便是侯嬴。

纳兰性德本出身豪门，自比"战国四公子"之一的平原君，也并无不妥之处，但顾贞观却不能，他此时只是一介白丁，当然不可能自比其他的几位，如信陵君或者春申君，于是他以信陵君的门客侯嬴自比。

信陵君魏公子无忌，也是战国时期的四公子之一，与平原君齐名。与平原君一样，他也是喜好结交朋友之人，从不以门第取人，礼贤下士，为当时的人们所津津乐道。

侯嬴当时只是魏国都城大梁的一位守门人，信陵君听说他是个贤士，于是便准备了厚礼，丢下满大厅的宾客，自己亲自驾车去迎接侯嬴。

当时周围的人见到信陵君亲自驾车前来，都十分惊讶，想要知道是哪位贤者如此厉害。却见侯嬴一点儿也不客气地、毫不推辞地就坐上了信陵君的车，任由信陵君驾车，他却泰然自若，坦然受之。等车子到了中途，他又说要去见一位叫朱亥的朋友，乃是集市上卖肉的。信陵君就半途改道去了集市，侯嬴与朱亥聊了多久，他就在旁边等了多久，周围的人都纷纷指责侯嬴，信陵君却阻止了大家对侯嬴的责备。

而信陵君的礼贤下士也终有回报，后来长平之战，赵国都城邯郸被围得水泄不通，平原君便向信陵君求助，于是在侯嬴的帮助下，信陵君窃符救赵，成就一段千古佳话。

只是侯嬴在事成之后，却是刎颈自尽，以死来报答信陵君的知遇之恩。

君以国士之礼待之，吾自以国士之礼回报。

"忆当年、侯生垂老，始逢无忌。"

顾贞观与侯嬴是多么相似啊，在一大把年纪的时候，才得遇知己，要报答对方的这番真情，只怕是当真也得如侯嬴一般，以国士之礼回报吧？

顾贞观再度来到京城，其实是为了营救自己的好友吴兆骞。

吴兆骞，字汉槎，江苏吴江人。据说为人颇高傲。本来才子轻狂，也并不是什么稀罕事，但是在顺治十四年的时候，发生了著名的"丁酉科场案"，吴兆骞被人诬告也给牵连了进去。第二年，他赴京接受检查和复试。哪知这人脾气确实执拗，居然在复试中负气交了白卷，这下，不但被革除了举人的名号，更是全家人都被流放发配到了宁古塔，待在那个冰天雪地的地方长达二十三年之久。

后来，他从戍边给顾贞观寄了一封信，信中这样写道：

塞外苦寒，四时冰雪，鸣镝呼风，哀笳带血，一身飘寄，双鬟渐星。妇复多病，一男两女，藜藿不充，回念老母，茕然在堂，迢递关河，归省无日……

此时，顾贞观才知道好友在那冰天雪地之处过得有多么辛苦，回想起当初发誓要解救好友的诺言，当下就马不停蹄赶往京城，四处奔走，营救吴兆骞。

但这个案子毕竟是顺治皇帝亲自定的案，康熙并没有翻案的念头，顾贞观奔走多时，依旧毫无办法。

人情冷暖，他这时彻彻底底地知道了是什么滋味儿。

好在这时，徐乾学、严绳孙介绍他认识了纳兰性德。

顾贞观与吴兆骞是至交好友，而纳兰性德与这位吴兆骞可以说是素昧平生，毫不相识。

顺治十四年，"丁酉科场案"发生的时候，纳兰性德才三岁而已。

两人之间，根本是毫无交集的。

可是后来，吴兆骞被营救出来，却正是纳兰性德的功劳。

纳兰性德虽然不喜俗务，却并非完完全全地待在象牙塔之中，两耳不闻窗外事，对世事一无所知，事实上，以他的聪慧，大概从认识顾贞观开始，就隐隐地觉得，这件事，自己是定然免不了要插手的。

这件充满侠义之风的营救之举后来轰动了整座京城，纳兰性德在此事中表现出来的、不输江湖豪侠的君子之义，也让无数人为之感慨，更应了以前严绳孙、姜宸英对顾贞观说过的话。

这位出身豪门的贵公子，有着一颗真真正正的侠骨丹心。

谢章铤后来更在《赌棋山庄词话》中这样赞叹道："今之人，总角之友，长大忘之。贫贱之友，富贵忘之。相勉以道义，而相失以世情，相怜以文章，而相妒以功利。吾友吾且负之矣，能爱友人之友如容若哉！"

本来，吴兆骞与纳兰性德无关，只因是顾贞观的朋友，所以把顾贞观当成了此生唯一知己的纳兰性德，也就把吴兆骞当成了自己的朋友。

那时候，吴兆骞还远在宁古塔，冰天雪地，京城也是大雪纷飞，千里冰封，一片雪白的世界。

看着庭院里厚厚的积雪，纳兰性德想到，吴兆骞一介书生，早已习惯了江南的四季如春，还能忍受宁古塔的冰雪多久？他怏怏的病体，还能不能撑得过这一月？

桌上，是顾贞观刚刚写就的两首词，依旧还是《金缕曲》，只是，这一次的读者，却并不只自己一人。

或者说，这两首《金缕曲》，本来不是写给他的，是顾贞观写给远在万里之外的吴兆骞的。

那时候，顾贞观借住在京城的千佛寺里面，见到漫天冰雪，有感而发，于是一挥而就，写出这两首情真意切的《金缕曲》。

季子平安否？便归来、平生万事，那堪回首！行路悠悠谁慰藉，母老家贫子幼。记不起、从前杯酒。魑魅搏人应见惯，总输他、覆雨翻云手。冰与雪，周旋久。

泪痕莫滴牛衣透。数天涯、依然骨肉，几家能彀？比似红颜多命薄，更不如今还有。只绝塞、苦寒难受。廿载包胥承一诺，盼乌头、马角终相救。置此札，君怀袖。

我亦飘零久。十年来、深恩负尽，死生师友。宿昔齐名非忝窃，试看杜陵消瘦，曾不减、夜郎僝僽。薄命长辞知己别，问人生、到此凄凉否？千万恨，从君剖。

兄生辛未吾丁丑。共些时、冰霜摧折，早衰蒲柳。诗赋从今须少作，留取心魂相守。但愿得、河清人寿。归日急翻行戍稿，把空名、料理传身后。言不尽，观顿首。

词誊抄了两份，一份装在信封里送往了宁古塔，另外一份则送到了纳兰性德的手中。

也许顾贞观把这两首《金缕曲》送往纳兰性德那儿的时候，并未想过要以此来感动那位年少的知己，只是单纯地想把自己的词作给他看而已。

但是纳兰性德却回了顾贞观一首词。

还是《金缕曲》。

还是那熟悉的清秀飘逸的字迹。

洒尽无端泪。莫因他、琼楼寂寞，误来人世。信道痴儿多厚福，谁遣偏生明慧。莫更着、浮名相累。仕宦何妨如断梗，只那将、声影供群吠。天欲问，且休矣。

　　情深我自拼憔悴。转丁宁、香怜易爇，玉怜轻碎。羡煞软红
尘里客，一味醉生梦死。歌与哭、任猜何意。绝塞生还吴季子，
算眼前、此外皆闲事。知我者，梁汾耳。

　　也许在看到顾贞观那两首写给吴兆骞的词的时候，被其中饱
含的深情所感动，纳兰性德流泪了。

　　他突然发觉，自己与顾贞观原来都是同样至情至性之人。

　　情之一物，矢志不渝，又何妨去管它是爱情，抑或友情呢?

　　于是，纳兰性德便借这首《金缕曲》，向忧愁不已的顾贞观
表白了心意。

　　你的朋友也就是"我"的朋友，如今朋友有难，"我"又岂
能视而不见、听而不闻?

　　"绝塞生还吴季子，算眼前、此外皆闲事。"

　　直白得不能再直白。

　　纳兰性德清楚地告诉了顾贞观，如今营救吴兆骞就是"我"
目前最重要的事情，其他都是闲事，完全可以丢在脑后不管。

　　这首《金缕曲》，还有一个副标题，叫作"简梁汾"，全称是"简
梁汾时方为吴汉槎作归计"。"简"，书信的意思；而"汉槎"，
则是吴兆骞的字，所以这里又称作吴汉槎；"作归计"，思考救
回吴兆骞的办法。总之，在标题上，纳兰性德就写出了自己的心意。

　　"五载为期"，"我"一定会想办法营救回吴兆骞的!

　　这是纳兰性德对顾贞观的承诺。

　　五年之后，吴兆骞终于被营救，从宁古塔安全地回到了中原。

顾贞观与纳兰性德合力营救吴兆骞一事，不但轰动了整个京城，更是轰动了大江南北。

史载纳兰性德"不干"政事，虽然是权相明珠的长子，但向来与政事无缘，即使后来成为康熙皇帝跟前的御前侍卫，深为康熙信任，也从未见他对政事有任何叽叽咕咕的地方，只有这一次，为了营救吴兆骞，他破例了。

不但是为了顾贞观，也是为了那无辜被牵连的名士吴兆骞。

在这一年，大学士明珠仰慕顾贞观的才学，于是礼贤下士，聘请顾贞观为儿子纳兰性德授课。

于是，这对忘年交在情投意合、一见如故之外，还有了一层师生之谊。

"知我者，梁汾耳。"

纳兰性德曾经这样说过。

在他的心目中，亦师亦友的顾贞观，俨然就是世界上另一个自己吧！

第二节　滔滔天下，知己是谁

康熙十五年，顾贞观与纳兰性德做了两件事情。

一是在顾贞观的建议下，编辑纳兰性德的词作，刻板印刷，取名为《侧帽集》。

二是顾贞观与纳兰性德两人一起，开始汇编《今初词集》。

顾贞观与纳兰性德一样，都主张写词是"抒写性灵"。填词不是游戏，更非交际，而是直抒胸臆，真真切切地用笔表达出自己内心最真切的想法。

在这部《今初词集》中，收录了纳兰性德词十七首、顾贞观词二十四首、陈子龙词二十九首、龚鼎孳词二十七首、朱彝尊二十二首。

除了顾贞观和陈子龙，被选录词作数量最多的，就是龚鼎孳与朱彝尊了。

对纳兰性德来说，与朱彝尊的相识是在顾贞观之前。

那是在他十八岁的时候，一位四十多岁的、落魄的江南文人，带着他的《江湖载酒集》，蹒跚地进了京城。

"落魄江湖载酒行"，杜牧的这句诗，当真是淋漓尽致地写出了朱彝尊的一生。

十年磨剑，五陵结客，把平生、涕泪都飘尽。老去填词，一半是空中传恨。几曾围、燕钗蝉鬓。

不师秦七，不师黄九，倚新声、玉田差近。落拓江湖，且分付歌筵红粉。料封侯、白头无分。

这首《解佩令》，便是朱彝尊为自己的《江湖载酒集》写的纲领之词。

那时候，朱彝尊被人们津津乐道的，除了他的词之外，还有他的绯闻。

当然，诗人、词人闹绯闻，古往今来也不是什么大不了的事情。那"奉旨填词"的柳永身故之后，青楼的女子们纷纷为他伤心不已，所以若论风流，似乎诗人、词人本来就有先天的优越条件，能获得女子的青睐，也多成就佳话。

但是，朱彝尊不同，他绯闻中的女主角却是自己的妻妹，这完全就是一段不伦之恋。

但朱彝尊并不在意人们的目光。

他与妻妹发乎情、止乎礼，是如此纯洁，不在乎世人的目光。

朱彝尊很执拗，他不但爱了，还并不打算遮掩，而要把自己的这份爱意公于天下，让全天下的人都知道。

那年私语小窗边，明月未曾圆。含羞几度，已抛人远，忽近人前。无情最是寒江水，催送渡头船。一声归去，临得又坐，乍起翻眠。

这一首《眼儿媚》，写得婉转细柔、缠绵悱恻，正是朱彝尊写给自己心爱的妻妹的词。

朱彝尊与妻妹也算得上是一对命运多舛的恋人，他们心心相印，却因为世俗的身份而不能结合在一起。在四目相对的惆怅中，朱彝尊写出了一首又一首饱含思念之情的词来，其中一首《桂殿秋》流传至今。

思往事，渡江干。青蛾低映越山看。共眠一舸听春雨，小簟轻衾各自寒。

这是用语言描绘的一幅画，而语言所不能描绘的，是两颗心之间永远倾诉不尽的千言万语。

后来，这首词被况周颐的《蕙风词话》赞为有清一代的压卷之作。

朱彝尊的词集慢慢地流传开来，自然也传到了纳兰性德的面前。

那一年，纳兰性德十八岁，而朱彝尊已经四十四岁。

正如他与顾贞观一样，一见如故，是不被年龄的差距所限制的，更何况，早在见面之前，他已经被对方的《静志居琴趣》给深深地迷住了。

对方只是一位落拓的文人，穷困潦倒，两袖黯淡，与自己完全可以说是两个不同世界的人，但为什么，他在对方的词中，竟然仿佛看到了自己的影子呢？

大概是因为他们都是一样的至情至性，一样的为情不渝吧。

那时，刚刚成为潞河漕总功佳育幕府的朱彝尊，并不知道在权相明珠的府邸中，十八岁的纳兰性德正为自己的词作而感慨万千，他只是看着镜子中白发苍苍的自己，欷歔不已。

菰芦深处，叹斯人枯槁，岂非穷士？剩有虚名身后策，小技文章而已。四十无闻，一丘欲卧。漂泊今如此。田园何在，白头乱发垂耳。

空自南走羊城，西穷雁塞，更东浮淄水。一刺怀中磨灭尽，回首风尘燕市。草屦捞虾，短衣射虎，足了平生事。滔滔天下，不知知己是谁。

这是朱彝尊《江湖载酒集》中的一首《百字令》，又有个副标题叫作《自题画像》，顾名思义，是他给自己这四十多年的人生的写照。

与古往今来大多数的文人命运一样，朱彝尊的前半生，概括起来就是两个词语：落魄、不得志。一位好的诗人不一定就是一名好的官员，除却凤毛麟角的几位杰出人士，大多数都是属于官场失意、文坛得意的，李白、杜甫、白居易，再到后来的柳永，哪位不是如此呢？如今，多了一位朱彝尊，也算不得什么。

自己已经四十四岁了，却是漂泊半生，穷苦半生，空有一身好才学，还是郁郁不得志，落拓潦倒。如今已白发苍苍，但是连一处栖身的地方都没有。这么多年东奔西走，如今来到了京城，算是做了个小小的幕僚，怀中，名刺（名片）上自己名字的笔迹早已磨淡了，回首往事，似乎只有这部《江湖载酒集》才是自己唯一真实的过往。

词的最后，朱彝尊十分感慨地说道："滔滔天下，不知知己是谁。"

是啊，在这红尘世间，究竟有谁才会是自己的知己呢？

此时的朱彝尊并不知道，他苦苦追寻的知音，就在距离自己不远之处的明珠府内，那少年公子纳兰性德。

咫尺天涯而已。

纳兰性德也并不知道，他仰慕的词人朱彝尊也在京城内，他只是被词所感动，被词里那情真意切的热炽情感而感染，辗转难眠。

他发现，与对方相比，自己这十八年的岁月，是多么不值得一提呀！但不知为什么，他就是明白了朱彝尊词里的含义，每一个字，每一句词，都让他觉得仿佛是写进了自己的心坎里。

朱彝尊与纳兰性德，他们是如此不同。

一个寒门学士，半生潦倒；一个出身豪门，春风得意。

这样处于完全不同世界的两个人，俨然一个天、一个地，却在精神上是如此契合。

纳兰性德就这样在还未曾见过朱彝尊一面的情况下，已经把这位年长自己很多岁的落拓词人引为知己。

他写了一首《浣溪沙》。

残雪凝辉冷画屏，《落梅》横笛已三更。更无人处月胧明。

我是人间惆怅客，知君何事泪纵横。断肠声里忆平生。

已经是三更天了，窗外隐隐传来缥缈的笛声，不知从何而起，也不知何人吹奏，只是那么轻轻的，仿佛一阵淡烟，在夜色里缓缓地飘散着。银白色的月光洒下来，把一切都笼上了朦胧的银光。

而自己呢？

"我是人间惆怅客，知君何事泪纵横。"

这便是十八岁的纳兰性德的回答。

一年之后，纳兰性德写信给朱彝尊，写明自己的仰慕之情，想要与这位词人见面。

他是忐忑的。

自己不足二十岁，对方真的能理会自己这个毛头小子吗？

但是，朱彝尊不但回了信，而且还亲自登门拜访了。

衣衫褴褛、饱经沧桑的朱彝尊，面对豪门的贵公子纳兰性德，不卑不亢。

纳兰性德仰慕的不是对方的外表，而是对方的才学。

在精神上的契合，让两人越聊越投机，最后的结果，大家也不难想到。

"滔滔天下，不知知己是谁。"

如今，可就要改成"滔滔天下，君乃知己"了。

第三节　我是人间惆怅客

曾经看过这样的一段话——

"意外造成的结果并不是悲剧。真正的悲剧，是明知道往这条路上走，结果肯定是悲剧，却还是必须往这条路上走，没有其他的选择。"

纵观纳兰性德那短暂的三十年人生，如今在我们看来，又何尝不是如此呢？

早已知道他会痛失所爱，早已知道他会经历丧妻之痛，早已知道他的至交好友会一个个地过世，早已知道他会在理想与现实的不停冲撞中，逐渐消磨了那原本旺盛的生命力，早已知道他会在康熙二十四年五月三十的那一天，经历了七天的痛苦之后，终究还是撒手人寰，在生死相隔八年之后，与自己心爱的妻子在同一月同一天，离开这个红尘世间。

悲剧吗？

所谓的悲剧，大概也只是我们一厢情愿的自以为是罢了，若纳兰性德当真知晓，大概也会禁不住大笑三声吧！

他从来都是一个生活在成人世界的孩子，带着纯真，用自己的心去面对这个复杂的世界。

那是一颗最真挚的心灵。

纳兰性德从来都是用这样的一颗心，去对待周遭的一切事物、一切感情。

莫把琼花比淡妆，谁似白霓裳。别样清幽，自然标格，莫近东墙。

冰肌玉骨天分付，兼付与凄凉。可怜遥夜，冷烟和月，疏影横窗。（《眼儿媚·咏梅》）

如果用现代人评价成功人士的标准来衡量纳兰性德，大概他就是"成功"的典型。少年进士，御前侍卫，一路高升，深得皇帝的宠信与重用。但是，在这条无数人梦寐以求的道路上，他却似乎从未开心过，抑郁终生。

年轻的心终究难以承载理想与现实纠缠不清的矛盾，那长期的重负最终压垮了最后一根承重的稻草，三十岁的时候，纳兰性德离开了这个人世。

他曾写过这么一句词："别有根芽，不是人间富贵花。"

"不是人间富贵花"，七个字，恰恰写尽了纳兰性德短暂的一生。

他有着清高的人格，追求着平等与理想，但是这种别样的人格，在与现实发生冲突的时候，往往都是以凄风冷雨的失败告终。即使在外人看来，纳兰性德的一生并无什么可挑剔的地方，但"家家争唱饮水词，纳兰心事几人知"，他内心的孤独与伤感，终究不被外人所理解，只能化为笔下清丽的词句。

在古代文人的笔下，梅兰竹菊都是高洁清雅的象征，在纳兰性德眼中也是一样。梅花暗香徐来，"别样清幽，自然标格"，并非凡花，纳兰性德借写梅花而喻己，梅花冰肌玉骨，却是生长在苦寒之期，而这与自己是何其相似？

在长期的侍卫生涯中，对于无休无止的随驾出行，纳兰性德感到极度厌倦。他在寄给好友张纯修的信中这样写道："又属入直之期，万不得脱身，中心向往不可言喻……曩者文酒为欢之事今只堪梦想耳……弟比来从事鞍马间，益觉疲顿；发已种种，而执羇如昔；从前壮志，都已隳尽。"已经很明显地表达出了自己对官职的厌恶，那些烦琐的事务让他觉得毫无意义，一心只想回到他所热爱的诗词世界中去。

一个冬天的夜晚，窗外隐隐飘来了梅花淡淡的清香。

纳兰性德也许是正在看书，也许是正要上床歇息，这一缕幽幽的梅花香气吸引了他的注意，他放下手中的事情，起身来到窗前。

细细看去，院子里并没有梅树的影子，那这缕清香是从何而来呢？

纳兰性德越发好奇，于是披上厚厚的御寒冬衣，缓步出房。

雪早已停了，地面的积雪被下人们清扫得干干净净，但树枝上还覆着一层白雪，在灯光的照映下，透出些淡淡的昏黄。

他循着香气找去，却在东墙的墙角处，见到了这株在冬夜中暗绽芳华的梅树。

已经不记得是什么时候是何人种下的了，谁也没有发觉，这株被人遗忘的梅花又是什么时候长成了大树，如今，在黑夜中静静地绽放幽香。

这株孤傲的梅树，虽是冰肌玉骨，却是别样清幽。

它不像那些富贵花一样，在向阳之处，生得枝繁叶茂，然后在盛开之时接受着人们的赞美，而是静静地，在角落处顽强地生长着，散发出属于自己的清香。

而在向来自比"不是人间富贵花"的纳兰性德眼中，他所喜爱的，正是这"别样清幽"的寒梅。

正像在另外一首《金缕曲》中写到的那样："疏影临书卷。带霜华、高高下下，粉脂都遣。别是幽情嫌妩媚，红烛啼痕休泫。"

一样以梅来拟人，高洁清雅。

第四节　世外仙境渌水亭

纳兰性德与好友们聚会，大都是在一处叫"渌水亭"的地方。

如今对"渌水亭"的所在，颇有争议，有说是在京城内的什刹海畔，也有说是在西郊玉泉山下，还有说是在叶赫那拉氏的封地皂田屯的玉河，总而言之，是一处傍水所在，更是纳兰性德一生之中最具有标志性的建筑。

纳兰性德之所以把自己的别院命名为"渌水亭"，大概是取流水清澈涵远之意吧。君子之交淡如水，在纳兰性德的心中，在这渌水亭来往的自当都是君子。

《南史》记载，世家子弟庾景行，自幼就有孝名，品格美好，做了官之后，也是一向以清贫自守，后来被王俭委以重任。当时人们把王俭的幕府称为莲花池，安陆侯萧缅便给王俭写了一封信表示祝贺，写道："盛府元僚，实难其选。庾景行泛渌水、依芙蓉，何其丽也。"便用"泛渌水、依芙蓉"来赞美庾景行。

在《南史》记载中的庾景行孝顺父母，甘于清贫，一生行的都是君子事，在死后被谥为贞子。

纳兰性德借用这个典故为自己的别院取名叫"渌水亭"，很难说没有自比庾景行的意思。在纳兰性德的心中，像庾景行那样近乎完美的人，才算是君子吧？

渌水亭是什么时候开始修建的呢？纳兰性德那次因为急病错过殿试之后，便开始编撰一部叫作《渌水亭杂识》的笔记，里面记载的，既有纳兰性德的一些读书心得，也有从朋友那儿听到的奇闻逸事。

《渌水亭杂识》，无疑是在诗词之外，公子别样性情的表现。

野色湖色两不分，碧天万顷变黄云。
分明一幅江村画，着个闲庭挂夕曛。（《渌水亭》）

有了渌水亭，想必纳兰性德是十分欢喜的，不然也不会专门写这首名为《渌水亭》的七绝诗。

他像是一个得到了新玩具的孩子，充满了好奇心与旺盛的求知欲。

比如娑罗树。

《渌水亭杂识》中记载：

五台山上的僧人们夸口说，他们那儿的娑罗树非常灵验，于是大肆宣传，俨然吹捧成了佛家神树，但是这种树并不只有五台山才有，在巴陵、淮阴、安西、临安、峨眉……到处都有这种源自印度的娑罗树。虽则同样为娑罗树，因为生长在不同的地方，也就有了不同的命运，有的名声大噪，有的默默无闻。

纳兰性德这个小记录，不无讽刺之意。

不要说人，就连树木，看来也是要讲究出身的啊，出身不同，命运也是截然不同的。

还有一些记载，则是显示出纳兰性德对事物的独特见解，其中不乏经世之才。

纳兰性德在《渌水亭杂识》中写过"铸钱"一事，是这样写的：

铸钱有二弊：钱轻则盗铸者多，法不能禁，徒滋烦扰；重则奸民销钱为器。然而，红铜可点为黄铜，黄铜不可复为红铜。若立法令民间许用红铜，惟以黄铜铸重钱，一时少有烦扰，而钱法定矣。禁银用钱，洪永年大行之，收利权于上耳，以求盈利，则失治国之大体。

只是这么两段话，看得出来，我们文采风流的纳兰公子，其实还是颇有金融眼光的。

他认为，铸钱有两个弊端，如果铸轻了，很容易被盗铸，也就是假币，会扰乱日常经济生活；要是铸得重了，那些不法之徒就会把钱重新铸为器皿。如果立法准许民间使用红铜，只用黄铜来铸重钱，应该就会少很多烦扰。

他的这个观点，倒是与后来雍正的做法不谋而合。

雍正推行币值改革，其中一项主要的措施便是控制铜源打击投机犯罪：熔钱铸器可牟厚利，导致铜源匮乏，铜价升高，铸钱亏损。

雍正下令只准京城三品以上官员用铜器，其余皆不准用铜皿，限期三年黄铜器皿卖给国家，如贩运首犯斩立决，同时稳定控制白银，保证铜源，稳定了货源以保铸造流通。

后来，乾隆皇帝时期铸的钱被称为乾隆通宝，那些铜钱有的是铜锌铅合金，叫黄钱；有的再加上些锡，叫青钱。铸青钱可以防止铜钱被私自销熔，因为青钱销熔后，一击就碎，无法再打造成器皿。这也在一定程度上遏制了不法之徒，稳定了货币流通。

由此可见，纳兰性德其实是颇有金融头脑的，他建议朝廷吸取明朝的教训，不要一味地追求盈利，应该把铸钱的权力收归国有，这样才会保证经济的稳定。

清朝的时候，确实吸取了明朝的教训，实行银钱平行本位，大数目用银子，小数目用铜钱，保证官钱质量，保证白银的成色，纹银一两兑换铜钱一千文，也算是控制住了货币的稳定。

诗乃心声，性情中事也。发乎情，止乎礼义，故谓之性。亦须有才，乃能挥拓；有学，乃不虚薄杜撰。才学之用于诗者，如是而已。昌黎逞才，子瞻逞学，便与性情隔绝。（《渌水亭杂识》第四卷）

在《渌水亭杂识》中，有不少纳兰性德自己对于诗词的见解。

在纳兰性德看来，诗歌是心声的流露，要抒写心声，因为诗歌的写作是发乎情止乎礼的。而且在诗歌的写作中，要有学问，才不会去浅薄地杜撰，才会挥洒自如。

他一直在抒写着自己的心声，不加修饰，也不用华丽的辞藻，只是那么简简单单地，把自己的心声自然而然地表达出来，却是那么真实而感人肺腑。

诗之学古，如孩提不能无乳姆也；必自立而后成诗，犹之能自立而后成人也；明之学老杜学盛唐者，皆一生在乳姆胸前过日。

纳兰性德还认为，作诗要学习古人，就像小孩子不能没有乳母一样。小孩子是先要有乳母抚养，然后才能长大成人独立的，学习作诗又何尝不是这样呢？前人的诗句就好比是乳母，学习的人就好比小孩子，需要先尽心尽力去学习前人的诗句，然后才能独立。

其实仔细想一想，这和我们现在的学习又有什么不一样呢？

学习之道，古往今来，一脉相承。

师者，传道授业解惑也，那么学作诗，又何尝不是在学习前人经验的基础上前进呢？

熟读唐诗三百首，不会作诗也会吟，便是这个道理。

自五代兵革，中原文献凋落，诗道失传，而小词大盛。宋人专意于词，实为精绝，诗其尘饭涂羹，故远不及唐人。

自从五代开始战争连连，世道混乱，中原文化凋落了，诗歌衰落失传，而填词则兴盛了起来。宋代的人都喜欢填词，专心于此，所以成就极高，但是他们并不喜欢作诗，所以在作诗上，远远不及唐代的人。

诚然，我们现在一说起中国的古典文化，提到的都是唐诗、宋词。能够作为一个时代的象征，那定然是因为在这个方面，有着其他时代所无法企及、无法超越的成就，而唐诗、宋词，正是如此。

曲起而词废，词起而诗废，唐体起而古诗废。作诗欲以言情耳，生乎今之世，近体足以言情矣。好古之士，本无其情，而强效其体，以作古乐府，殊觉无谓！

有了曲子，词便荒废了；有了词，诗便被荒废了。唐诗兴盛起来，古体诗便渐渐没落。作诗不过是为了抒发心声，所以我们生活在现在这个时代，用近体诗就可以了，不用勉强自己去用那古体诗来抒情。一些好古之人，本来没有什么心情要抒发，只是为了仿古而勉强自己写作乐府，实在是觉得有些莫名其妙。

花间之词为古玉器，贵重而不适用。宋词适用而少贵重，李后主兼有其美，更饶烟水迷离之致。

纳兰词一向被评价为有后主遗风，这是举世公认的。

陈其年在《词话丛编》中写道："《饮水词》哀感顽艳，得南唐二主之遗。"而唐圭璋也在《词学论丛·成容若（渔歌子）》中这样说过："成容若雍容华贵，而吐属哀怨欲绝，论者以为重光后身，似不为过。"

"重光"便是后主李煜，而李煜的字正是"重光"。

不管是当时的人也好，还是现在的人也罢，对纳兰性德的词深得后主遗风的评价，是一致的。

而纳兰性德自己呢？

对李后主，纳兰性德推崇备至。

花间之词为古玉器，贵重而不适用。宋词适用而少贵重，李后主兼有其美，更饶烟水迷离之致。

在纳兰性德看来，《花间集》这部中国最早的词总集，就像是贵重的古代玉器一样，漂亮却并不实用。

而到了宋代，李后主、晏殊、欧阳修、柳永、秦观、周邦彦、李清照等人，上承花间词，去其浮艳，取其雅致，运笔更加精妙，反映的社会现实更广泛，从而更加婉转柔美或豪放壮阔，开一代词风。

而宋词则是适用，却毫无贵重之感。

在纳兰性德眼中，李后主却是兼得花间词与宋词两者的长处，兼有其美，而且更加具有烟水迷离的美感。

婚姻 感卿珍重报流莺

「感卿珍重报流莺。惜花须自爱，休只为花疼。」

康熙十三年，纳兰性德娶妻卢氏。

对于纳兰性德的初恋，明珠、觉罗氏等一干大人不会没有察觉，只是再怎么两小无猜、才貌双全对他们来说，意味着的，不是有情人终成眷属的美满，而是如何才能最大限度地利用这一双儿女的才与貌，来为他们的家族争取到更大的利益，与更稳固的靠山。

也许明珠、觉罗氏等人一开始也曾想过让这对孩子白头偕老，顺水推舟，成就一段才子佳人的完满童话。

可童话的最后，往往只是写"王子与公主从此幸福地生活在一起"，而从来只字不提之后的柴米油盐，更只字不提当童话结束之后，随之而来的种种现实。

成人的世界总是残酷的。

所以那来自外星球的小王子一直不愿长大，他宁愿永远是个单纯的孩子，看着自己那株心爱的玫瑰，在湛蓝的天空下慢慢绽放花蕾。

纳兰性德却不能不长大，不能不在家族的安排下，踏上那条早已安排好的道路，即使心有不甘。

惠儿被送进了皇宫，纳兰性德则准备着参加科考，准备着踏上仕途。

还有一个问题，也摆在了纳兰性德的面前，让他不得不去面对。

他已经到了该成婚的年纪！

第一节　妻子卢氏

纳兰性德的第一位妻子卢氏，乃是两广总督卢兴祖的女儿。

论家世，两人门户相当，对习惯用审视的目光来看待一切的成人们来说，是一个非常好的选择。

论相貌，据说卢氏"生而婉娈，性本端庄"，是相当有才华而且性格温柔的女子。

纳兰性德与卢氏，倒真像是天造地设的一对。

卢氏的出现，也让决心要慢慢忘记表妹、忘记那段年少感情的纳兰性德，重新找到了生命中另外一抹亮色，另外一段美满的感情。

康熙十年，也就是辛亥年。

这一年的二月份，原本担任左都御史的明珠接到一道命令，让他与徐文元两人担任经筵讲官。

什么是经筵讲官呢？

就是给皇帝讲解经义的角色，只是个虚衔，就是去当皇帝的老师。给这个天下最尊贵的学生讲书念书的，一般都是翰林院的饱学之士。

徐文元是国子监祭酒，相当于现在的教育部长兼大学校长，而且这大学还是重点名校，当皇帝的老师，那倒是实至名归，毫无异义。

明珠也担任这个职位，却有点儿挂名充数的感觉。

其实，就是徐文元是汉人，这让八旗贵族的王爷们有些不服气了。

要是这徐文元讲着讲着把咱们的皇上给讲成了反清复明的斗士那怎么办？

所以他们左思右想，干脆把明珠给推出来和徐文元一起当皇帝的儒学师傅。

矮子队里选高的，和其他旗人相比，明珠确实算得上精通儒家文化了，当然和徐文元这饱学之士相比，那是相差了老长一截儿。

不过也没什么人在乎，大家都知道，这是因为讲官队伍里需要一个有分量的旗人大臣罢了，难道还当真指望他给皇帝讲书不成？

巧合的是，徐文元又是纳兰性德的老师，或者说是校长。

　　那年纳兰性德也刚上了太学，身为国子监祭酒的徐文元对这名聪慧过人、精通儒家文化的学生是深为器重，赞不绝口。

　　对明珠而言，这"经筵讲官"是个虚衔，他当时是左都御史，公务繁忙着呢。

　　当然，那时候，明珠也万万没有想到，就在这一年的十一月，他被一纸调令，升为了兵部尚书。

　　明珠扶摇直上，其他人自然会忙不迭地前来巴结，本来就是众家少女心目中理想夫婿的纳兰性德，也就当仁不让地成了香饽饽，顿时身价百倍。

　　年纪轻轻，却没有半点儿飞扬跋扈之气，反倒是个举止娴雅的风采公子，也就难怪少女们会为之倾心了。

　　明珠想必也知道自己儿子有多炙手可热，他倒是不急，他在慢慢地寻找着最合适的人。

　　要是说明珠只顾着自己的政治生涯把儿子的终身幸福拿来做了筹码的话，也未免有失公允，毕竟婚后的纳兰性德与卢氏，夫妻恩爱，举案齐眉，感情十分深厚。卢氏因产后疾病过世之后，纳兰性德因为悲伤，写了不少悼念亡妻的词句，这都是有目共睹的。

　　不过站在明珠的角度，究竟是因为卢氏是两广总督的女儿才选择了这个儿媳呢，还是这个儿媳恰好是两广总督的女儿，已经说不清楚了。总之，当纳兰性德与卢兴祖的女儿定亲的消息传出来之后，京城里有多少少女那期待的芳心霎时间全碎了，就不得而知了。

对于这门婚事，纳兰性德并没怎么反对。

或许是因为他很清楚地知道，自己与表妹已经再无相见的机会，从此萧郎是路人，他与她，此生无缘，她在皇宫之中，而自己……是不是也该从年少的轻狂之中渐渐成熟了呢？

所以，面对父亲的提议，纳兰性德只是默默地点了头，应允了这门婚事。

这门婚事在当时来说，完全称得上是一场天作之合，双方门第相当，权贵与权贵的结合。男方年少英俊，才气逼人；女方贤良淑德，温柔端庄，无论从什么方面看，都是天造地设的一对璧人。

不过，当时的婚姻还是包办的，自己的另一半不到新婚之夜是看不到真面目的，西施也好，东施也罢，不到揭盖头的刹那，一切都只是想象。

所以，纳兰性德虽然早就从父母的口中得知对方才貌双全，不亚于表妹，几乎挑不出什么毛病来，但毕竟从未见过面，心中也不禁有点儿忐忑。

换做卢氏，又何尝不是？

她是大家闺秀，从小在深闺之中娇生惯养，大门不出二门不迈，鲜有踏出去的机会。即使如此，她也并不孤陋寡闻，早就听说过纳兰性德的大名，甚至和其他无数的少女一样，也曾在听到那文雅的名字的时候，芳心暗跳。所以当听到父母说自己未来的丈夫就是那公子纳兰性德的时候，卢氏竟惊讶得愣住了。

对父母给她定的这门婚事，自然她也毫无异义，少女羞涩着，一声不出，这在父母的眼中，则代表了应允同意。

纳兰性德写过一首《临江仙》——

绿叶成阴春尽也，守宫偏护星星。留将颜色慰多情。分明千点泪，贮作玉壶冰。

独卧文园方病渴，强拈红豆酬卿。感卿珍重报流莺。惜花须自爱，休只为花疼。

这首词里面，纳兰性德用了不少与爱情相关的典故，所以这首词一般都是被归为爱情一类。

当然，确实如此。

纳兰性德的词作里面，以爱情为主题的占了大多数，如果说他少年时候的那些词，还透着一股年轻人的轻狂与无忧无虑，那如今经历过一场感情挫折的纳兰性德，在词间流露出来的是隐隐带着一缕忧郁的清冷味道。

这首《临江仙》自然也不例外。

"绿叶成阴春尽也"，明显是化自唐代诗人杜牧《叹花》一诗中的句子："自恨寻芳到已迟，往年曾见未开时。如今风摆花狼藉，绿叶成阴子满枝。"

故事讲的是昔日诗人在家乡遇到一位倾心的姑娘，又担心自己配不上她，于是决定去京城打拼前途，等到多年后他终于成为一名官员，觉得已经有本钱去提亲了，于是返乡，哪知昔日的心上人早已成婚多年，连孩子都有几个了，诗人遗憾之际，便写下了"绿叶成阴子满枝"的诗句。

"独卧文园方病渴"这句，纳兰性德是在自比司马相如了。

汉代的时候，司马相如曾为孝文园令，患有消渴疾，故此后文人常自称文园，也以文园病渴来指代文人患病。

　　而这里，纳兰性德除了自比司马相如之外，下一句"强拈红豆酬卿"，也是借红豆的典故描写相思之情。

　　或者说，是对未来妻子的憧憬之情。

　　总之，对于已经"名花有主"的纳兰性德来说，他的词里面，爱情的主题开始逐渐多起来。

　　十八年来堕世间，吹花嚼蕊弄冰弦。多情情寄阿谁边？

　　紫玉钗斜灯影背，红绵粉冷枕函偏。相看好处却无言。（《浣溪沙》）

　　纳兰性德的妻子是明珠与觉罗氏夫妇亲自为爱子挑选出来的媳妇。

　　父辈们甚为满意这位人选，两家人都颇为期待这场婚礼。

　　也许有人要说，这卢兴祖看姓氏不是汉人吗？清朝一直坚持满汉不通婚，怎么身为满族贵族的明珠家，却和身为汉人的卢兴祖结成了儿女亲家？

　　其实这是一种误解，所谓的满汉不通婚，指的并不是满族与汉族相互间不通婚，而是限制旗人与非旗人通婚。卢兴祖是汉军镶白旗人，任两广总督，封疆大吏，对明珠家来说，是个最好的选择。

　　除开一双儿女的匹配，明珠考虑的，还有一些政治上的因素。

　　他自己是京官，朝廷要员，而未来亲家是封疆大吏，朝廷与地方，一旦被姻亲这条纽带牢牢地系在一起，那就是一件互惠互利的事情，稳赚不赔。

当时纳兰性德的这场婚礼，在某种程度上来说，也算得上是万众瞩目。

首先，这是康熙的心腹重臣明珠家的喜事，结亲的另外一家是两广总督、封疆大吏，可谓是强强联手。

其次，就是因为这场婚礼的主角，是京城众多少女心目中的白马王子。

总之，不论外界反应如何，到了成亲的好日子，明珠府顿时喧天地热闹起来。

这一场喧哗直到快深夜的时候，才渐渐地安静下来。纳兰性德也终于有了机会，与那刚刚拜堂成亲的妻子单独相对。

那卢氏究竟是什么样的呢？根据记载，说卢氏"生而婉娈，品性端庄，贞气天情，恭客礼典。明珰佩月，即如淑女之章，晓镜临春"，然后又说她是"幼承母训，娴彼七襄，长读父书，佐其四德"，看来在当时，大家都公认卢氏是一位端庄美丽、家教严谨的淑女。

而这些称赞卢氏的话，想必父母也早已给纳兰性德一遍又一遍地讲过，所以在踏进新房的时候，他心中还是兴奋地期待着的。

婚床旁站着长辈与侍女，床沿正中坐着刚与他拜堂成亲的新娘。

少女穿着一身大红金线绲边绣满吉祥花纹的新娘喜服，头上盖着同样绣满了吉祥花的大红色盖头，双手规规矩矩地放在膝盖上，动作优雅，坐姿优美，但还是看得出来，新娘隐隐有些紧张与……拘束。

或者说是不安。

毕竟她也与纳兰性德一样，面对着的，是全然陌生的，却要与自己从此携手度过后半生几十年的人，虽然早就听说过对方的名字，但如今当真面对面了，却又羞涩胆怯起来。

她盖着盖头，看不见对方的相貌，只能从盖头下偷偷地看，却只能见到一双穿着靴子的足，缓缓地走向自己。

少女一下子更紧张了，纤长的手指局促地紧紧抓住了自己的衣角。

对方似乎也有些紧张，脚步踌躇起来，像是呆站了半晌，才在周围长辈们的戏谑声与侍女们的轻笑声中，拘谨地揭开了新娘子的红盖头。

这时，她才第一次看见他的脸。

他，也是第一次见到自己的妻子。

新娘羞涩却惊讶地睁大了双眼。

她没有想到，纳兰性德会比自己想象中的更加儒静，更加清俊文雅，她漂亮的面孔顿时红得仿若玫瑰花瓣一样。

纳兰性德也是一怔。

烛光下，少女的面孔还带着新娘特有的羞涩红晕，那张脸并不是多么倾国倾城的美艳，却是眉清目秀，眼波清澈，带着一种温柔亲和的感觉。

相看却无言。

周围的人早已经识趣离开了，把这个空间留给了这对刚刚结为夫妻的年轻人。

都说一见钟情，对如今的纳兰性德与卢氏来说，更像是一见倾心。

蜀弦秦柱不关情，尽日掩云屏。已惜轻翎退粉，更嫌弱絮为萍。

东风多事，余寒吹散，烘暖微醒。看尽一帘红雨，为谁亲系花铃。（《朝中措》）

纳兰性德与卢氏少年夫妻十分恩爱美满，这是有目共睹的。

两人都是青春年少，最浪漫的年纪，再加上一见倾心，所以从纳兰性德这个时期的诗词，任何人都能感受到他们之间的那种令人心旷神怡、悠然神往的感情。

新婚夫妻，自是风光旖旎的。

在小两口的眼中看来，这个世界的任何事物，都是那么美好。甚至于纳兰性德因为急病而错失殿试的遗憾，也在婚后的岁月中慢慢消失在了脑后。

卢氏入府后很快就赢得了府中上上下下的喜爱。

明珠与觉罗氏颇为满意这个儿媳，下人们也十分敬重这位少夫人，纳兰性德发现，卢氏在很多方面与他都很为相似。

例如对很多事物的见解，有着一份同样难得的纯真。

也许是因为新婚生活的美满，纳兰性德在这段时间所写的词，也同样地带着难掩的幸福与旖旎。

"蜀弦秦柱不关情"中的前面四个字，指的是筝瑟。相传"筝"这种乐器乃是秦朝时候的名将蒙恬所造，所以又称作秦筝、秦柱，而传说蒙恬也是文武双全之人，武能平定六国、驱逐匈奴，文可为秦始皇出谋划策，为公子扶苏的老师。而这里纳兰性德借用秦筝的典故，是不是也有点儿自比蒙恬的意思呢？

也许，更像是一次夫妻抚琴弄舞之间的玩笑话。

看着眼前身姿婀娜绰约的妻子，纳兰性德自然也不甘落后，戏谑地说一句："蜀弦秦柱不关情。"

屋内还有些寒气，和煦的东风从窗户吹了进来，把那淡淡的寒意缓缓吹散了，暖意融融，令人陶醉。

帘外的花瓣被吹得纷纷落下，仿若红雨一般。

花树下，那纤细婀娜的身影正婷婷地站着，为了防止那些鸟雀把娇嫩的花儿给啄伤，她正一个一个地往花柄上系小小的护花铃。

护花铃很小，所以卢氏全神贯注地做着这件事，身后传来熟悉的脚步声，卢氏只微微回头，嫣然一笑，面如桃花。

那笑容温温柔柔的，就像是三月的春风，曲曲绕绕地钻进了纳兰性德的心里，那温暖慢慢地蔓延开来，直到溢满心房。

旋拂轻容写洛神，须知浅笑是深颦。十分天与可怜春。

掩抑薄寒施软障，拖持纤影藉芳茵。未能无意下香尘。（《浣溪沙》）

纳兰词的整体风格偏向清丽哀婉，这是众人都公认的，不过即使如此，在纳兰性德的词作里面，也并非全部都是婉约的、哀伤的，也有"何年劫火剩残灰""休寻折戟话当年"的雄浑之作，更有欢快的轻松之作。

就像这首《浣溪沙》。

这是纳兰词里很少出现的带着轻松与欢愉情绪的作品。

"旋拂轻容写洛神"，开篇第一句便活灵活现地描写出一幅夫妻间相处愉快的画面。

对当时新婚宴尔的纳兰性德与卢氏来说，每一分每一刻在一起的时光，都是十分幸福的，再加上当时的纳兰性德还未入仕，所以不存在什么被公务所扰的问题，两人从而可以完完全全地生活在属于他们近乎完美的世界中。

其实纳兰性德不光在词上有着耀眼的成就，在绘画方面也是颇有造诣的。

纳兰性德对琴、棋、书、画均颇有研究，曾经师从禹尚基、经岩叔等人学习绘画，后来更与严绳孙、张纯修等画家成了好朋友。

纳兰性德的书房一向都是自己亲自收拾的，有了卢氏之后，这个工作便不知不觉被卢氏无声无息地接了过去。

每天，卢氏都会细心地替他整理好书桌，再在案上摆上一瓶时令的鲜花，让那淡淡的花香飘散在空气里，沁人心脾。

这天，纳兰性德和往常一样，缓步前去书房，刚走到门口，就听见卢氏轻柔的说话声。

"原来这幅画放在这儿了。"

纳兰性德好奇。

平常这个时候，卢氏早已收拾完书房了，今日却是为何耽搁了呢？

他好奇地迈进去，却见卢氏正与小侍女在一起，手里拿着一幅画，微微歪着头，那神情有些疑惑，又有些高兴。

就像是一个发现了新玩具的孩子一般。

听见丈夫的脚步声，卢氏也未把那幅画收起来，而是回头看着丈夫，清秀的面孔上绽出温和的笑容。

"在看什么？"纳兰性德走上前，却见那是一幅洛神图。

"你画的？"纳兰性德问道。

卢氏摇了摇头，微笑道："不是。"

纳兰性德听了越发好奇，便细细看去。

大概是不知名的画家所作，并未题款，也没有印章，但线条细腻，用色淡雅，画中的洛神飘然于碧波之上，当真是翩若惊鸿，婉若游龙，身姿绰约，仿佛兮若轻云之蔽月，飘摇兮若流风之回雪。洛神的脸微微向后侧着，低着眼，像是正在看向身后，又像是正在依依不舍地收回目光，相当传神。

纳兰性德好奇地看着，突地想起，新婚之夜自己与妻子的初见，岂不是当年曹植初见甄宓一般的心情吗？

画中的女子貌若芙蓉，云鬓峨峨，瑰姿艳逸，当真是神仙之态。

而眼前正淡淡微笑着的女子，又何尝不美呢？

也许是情人眼里出西施，在纳兰性德的眼中，妻子卢氏又何尝不是"仪静体闲，柔情绰态"？

无论是浅笑、皱眉，还是娇嗔、害羞，种种的神态，种种的表情，都是美的。

纳兰性德从妻子手中接过画轴来，当下就挂在了墙上。

曹子建终究与甄宓错身而过，下半辈子，他只能在回忆中苦苦追寻着自己的洛神，回想起以前的种种，到如今都成了钝刀子割肉，长长久久地伤痛。

自己与曹子建相比，该是幸运的吧！

心爱的妻子就在自己眼前，执子之手，自然是能够与子偕老的。

那时候的纳兰性德完全没有怀疑。

他真的以为，与妻子就能这样一直下去，直到天长地久。

但是熟读诗书的纳兰性德似乎忘记了，白居易的《长恨歌》中，"天长地久"四个字之后的，是"有时尽"。

他怎知道，这段幸福的时光，只有三年而已。

所以他才会轻轻地说一句——

"当时只道是寻常。"

第二节　妾室颜氏

后人说起纳兰性德，最常用的八个字就是"慧极必伤，情深不寿"。

的确，我们读纳兰词，最先感受到的，就是在那字里行间流露出来的对恋人、对妻子的深情。

不过我们也要辩证地看问题。

纳兰性德毕竟是清代人，那时候，男人三妻四妾很正常，尤其是像纳兰性德这样的豪门贵公子，如果只有一位妻子，那在外人看来，是完全不可想象的事情。

所以，纳兰性德在妻子卢氏之外，还有一位妾——颜氏。

颜氏家世不详，并没记载她是哪家的女儿，也并未像卢氏一样，有人专门赞扬她美丽端庄、贤良淑德。

大概，她只是个普普通通的旗人家女儿。

因为"满汉不通婚"，所以颜氏应该是旗人，当然论家世，那是肯定比不上正室卢氏的显赫。

关于纳兰性德是什么时候纳了颜氏为妾的，有两种说法，一种说颜氏入门是在纳兰性德与卢氏大婚之前；另外一种说是在纳兰性德新婚没多久。

但不管是哪一种，唯一相同的就是，颜氏进了明珠府，而她进门的目的，或者说是作用，就是赶紧传宗接代，扩大门楣。

这也是明珠与觉罗氏着急为儿子娶妾的原因。

他们想要赶紧看到孙子辈的孩子。

对于父母的这个要求，纳兰性德不得不接受，也不得不接受这个突如其来的妾室。

因为这是他身为长子的责任。

而颜氏呢？

她对自己的命运，对自己成为纳兰性德的妾室，又是怎样的感觉呢？

我们无从得知，甚至在被人们所津津乐道的关于纳兰性德与表妹、卢氏、续弦官氏还有沈宛之间缠绵悱恻的爱情故事背后，颜氏总是被遗忘到角落里，一如她在丈夫身边的尴尬地位。

卢氏性格温厚，她并未因为自己是正室而处处刁难颜氏，也未仗着纳兰性德的宠爱而有恃无恐，反倒是对颜氏温柔亲厚，俨然姐妹一般。

颜氏则顺从恭谦，全心全意尽着她身为妾室的责任，与卢氏一起，把丈夫伺候得无微不至。

但是，她却往往被人遗忘，彻底被湮没在纳兰性德与卢氏琴瑟和鸣、举案齐眉的爱情光环之下，悄然跟随在丈夫的身边。

人生若只如初见，何事秋风悲画扇？等闲变却故人心，却道故人心易变。

骊山语罢清宵半，泪雨零铃终不怨。何如薄幸锦衣郎，比翼连枝当日愿。（《木兰花令·拟古决绝词》）

颜氏从进门的那一天开始，就默默地接受了自己的命运。

她平静地看着纳兰性德与卢氏天天抚琴念诗；看着纳兰性德在卢氏亡故之后痛不欲生；看着丈夫后来续弦官氏，更有了情人沈宛。面对这一切，颜氏只是默默地选择了接受，甚至于在纳兰性德病故之后，她也选择了留下，守护一生，甘之若饴。

在纳兰性德的一生之中，感情所占的比重是不可忽视的，其中，被进宫的表妹、卢氏与沈宛各占据了三分之一，颜氏则像是被完全遗忘了。有时我不禁心想，或许对颜氏的感情，纳兰性德并非一无所知，也并非一无所动吧！

他不是不知道颜氏对自己的感情，只是一个人的心可以很大很大，包容爱人所有的一切，也可以很小很小，小得只够容纳下一个人。

于是我更愿意相信，纳兰词中这句家喻户晓的"人生若只如初见，何事秋风悲画扇"，或许有那么几分的可能，是写给颜氏的，写给那被自己不得不辜负了的女子。

"人生若只如初见"，当初与颜氏的第一次见面，其实也是那么美好而且淡然吧！

与表妹、卢氏、沈宛等人不同，纳兰性德与颜氏之间的感情是平静又安稳地发展着，没有跌宕起伏的浓烈感情，也没有生死与共的焚心似火，只是像潺潺的流水一样，平淡的、静静的，在两人相处的岁月中慢慢地酝酿，最终转为仿佛亲情一样的爱情。

君子之交淡如水，我想，纳兰性德与颜氏之间的感情，也是这般淡如水，却柔如水、韧如水的。

纳兰性德如此聪明而且善解人意，怎么会不知自己有多爱卢氏，就有多辜负颜氏？

他并不是看不到颜氏的好，只是天意弄人，他已经不能再把心分出来一块给那位可怜的女子，唯一能说的，只有一句"对不起"。

当时初见，是如此美好，哪里想得到后来的分离？

"何事秋风悲画扇"，这句用的乃是汉代班婕妤的典故。

班婕妤是古代的名女子之一，也是才女，是汉成帝的妃子，后来被赵飞燕陷害，自愿去长信宫侍奉王太后，等于是退居冷宫，后来孤零零地过完了一生。她曾写了一首诗叫《怨歌行》，用团扇来形容自己，抒发被遗弃的怨情。这里，纳兰性德是说，本来相亲相爱的两人，为何会变成如今的相离相弃？

也许他是借着这首词，写出自己对颜氏说不出口的愧疚。

不是你不好，只是前前后后，阴差阳错，刚好晚了那么一点儿时间，于是只好辜负了你。

如果不是这样，从当初一见面开始，我们也是能够相亲相爱的吧！

只是如今"我"还来不及向你说出自己的心意，命运便无情地让我们生离死别。

很多时候，当我们迟疑的时候，只是以为还有时间去开口。

很多时候，当我们后悔的时候，才发现早已是故人心变，物是人非。

多年以后，当颜氏看着丈夫遗留下来的《饮水词》，读着这首《木兰花令》，会不会潸然泪下？会不会在念吟着"比翼连枝当日愿"的时候，回想起当年与丈夫之间平淡的点点滴滴，如今却是一分一毫都让她怀念不已。

这首《木兰花令》还有着一个小小的副标题——拟古决绝词。

"决绝词"是什么呢？是古乐府旧题，属于乐府诗中的相和歌辞。

如今纳兰性德用了这个古老绝情的题目，难道是要与爱人决绝吗？

自然不是。

他写出这首决绝词，无非是想到，自己总有一天会离去，徒惹亲人们伤心，不如就让自己来当一次无情的决绝之人吧。

他与人保持着距离，是怕当相互之间感情深厚之后，会因为时光的流逝而不得不分离。世界上多远的距离，都比不过生与死的隔阂。只是一个字的差异，却代表着永不相见。

所以，他才会在生命的最后关头，对官氏、沈宛、颜氏那么冷淡。

谁道飘零不可怜，旧游时节好花天。断肠人去自经年。

一片晕红才著雨，几丝柔绿乍和烟。倩魂销尽夕阳前。(《浣溪沙》)

这首《浣溪沙》，据说是纳兰性德在见到海棠花开之后写的。

海棠多开在春季，盛开之后煞是好看，也难怪纳兰性德会写下这首词了。

从词里行间看，描写的确实是海棠。

无论是"飘零"，还是"晕红"，都是海棠花盛开之后，从枝头缓缓落下的画面。

海棠在古代的诗词中出现次数很多，最家喻户晓的，应该就是宋代女词人李清照的《如梦令》吧！

昨夜雨疏风骤，浓睡不消残酒。试问卷帘人，却道海棠依旧。知否？知否？应是绿肥红瘦。

易安居士笔下，惟妙惟肖地写出了爱花人对自然事物的爱惜，其中"绿肥红瘦"四个字，更是被人津津乐道，交口称赞。

那经历过一夜风雨之后的海棠，艳丽的花儿已不复昨日的繁丽，显得憔悴零落，只有那翠绿的叶子却越加青翠娇艳了。

这样一幅雨后海棠的画面，出自李清照的笔下。

在纳兰性德的词中，海棠又有了另外一番风情。

正是海棠花开的好季节，院子里海棠树的花枝上，晕红的海棠正娇艳地绽放着。

昨夜也下了一场小雨，花瓣上还残留着雨珠。微风吹过，雨珠就从摇曳的花枝上纷纷落下，翠绿的枝叶轻轻地摇动着。那绿色是那么柔和，衬托着晕红的海棠花。

也许这株海棠上，当真栖息着海棠花神吧，那美丽的花神，又是在想念着谁？

断肠人在天涯，可又有谁知道，断肠人也许就在眼前呢？颜氏又何尝不是断肠人呢？

夕阳西下，看着院子的那株海棠，颜氏只是站得远远地看着。

她无法过去，正如清晨的时候，看到纳兰性德与卢氏在海棠花前笑着、说着，开心地赏花，那两人的背影是如此相配，又如此天造地设，完全没有第三个人插足的余地。

如今，人影早已不在，只有那株海棠还依旧，自己依旧无法走过去，走近纳兰性德曾经走过的地方。

康熙十四年，纳兰性德二十岁。

在这一年，纳兰性德有了他的第一个孩子——富格。

纳兰性德一生共有三子四女，后来其中一个女儿嫁给了雍正年间的骁将年羹尧。

他的长子富格出生于康熙十四年，这一年对明珠府来说，双喜临门。

十月的时候，明珠又被调为吏部尚书。

从兵部尚书到吏部尚书，明珠的仕途越走越通畅，越走越顺利，康熙对他的倚重是如此明显，任何人都看得出来，他是皇帝跟前最炙手可热的大臣。

而在府内，让上上下下都开心欢喜的是颜氏果然不负众望，为纳兰性德生下一个儿子。

颜氏的温柔、惠淑，让本来不得不纳妾的纳兰性德也逐渐开始接受了这名静美的女子。如今，他当父亲了。

但是，与对卢氏的爱情不同，他对颜氏，更多的是敬重。

颜氏并未因为丈夫对正室的宠爱而心生怨恨，一直都是那么的安静、宽厚，与卢氏相处融洽，让明珠府里的人都为之敬佩。

这个孩子从出生的那一刻开始，就受到了全家人的喜爱，明珠更亲自为孙子起名，叫作"富格"，也有种说法叫作"福哥"。

寻常人家给孩子起名字，一般都会用吉祥的字眼儿，表示对孩子的祝福与期望。明珠家虽然是权贵，也一样不能免俗，小小的还未睁开眼睛的富格，就拥有了来自家人的第一份礼物——名字。

纳兰性德初为人父，难掩欢喜之情，卢氏更是欢欣不已，就像这个孩子是她亲生的一样，不但对富格疼爱有加，连对产后虚弱的颜氏，照顾得也是无微不至。

在纳兰性德那短暂一生的感情生活中，没有那种小气善妒的女人搅得全家鸡犬不宁，反而个个都是那么大度与温厚，好像纳兰性德那宽厚真诚的性子，也感染了他身边的女人们，她们展现出来的都是人性之中的美好与真诚。

在这段时间里，纳兰性德是幸福的。

他有着显赫家世，有着天赋才华，有着娇妻美妾，如今更有了健康的儿子，人生至此，夫复何求？

所以，这时候他写的词大多洋溢着幸福，描写他们的夫妻恩爱。

好比这首《蝶恋花》。

露下庭柯蝉响歇。纱碧如烟，烟里玲珑月。并著香肩无可说，樱桃暗吐丁香结。

笑卷轻衫鱼子缬。试扑流萤，惊起双栖蝶。瘦断玉腰沾粉叶，人生那不相思绝。

也许是在某一天风和日丽，纳兰性德看见院子里，卢氏正抱着小小的富格站在树下，身旁是已经可以起身散步的颜氏。她坐在躺椅上，仰着秀美的脸，温柔地看着卢氏，还有怀中的富格。

树上，夏蝉的鸣叫声此起彼伏。也许是被蝉叫声从睡梦中惊醒，富格突然咯咯咯笑起来，伸出了小小的拳头，对着空气一张一抓，仿佛要抓住那弥漫在空气中的清脆叫声。

富格的这个样子，让卢氏与颜氏也不禁笑了起来。

像是心有灵犀一般，卢氏突然回头，看见了不远处长廊下正含笑看着自己的丈夫，嫣然一笑。

颜氏也顺着卢氏的目光看了过来，也是淡淡一笑，不过与卢氏的坦然欢喜不同，她的笑容更多是对丈夫的尊敬。

阳光从扶疏的枝叶间漏了下来，卢氏一边哄着怀里的富格，一边低下头来笑着对颜氏说了几句什么，颜氏便点点头，两旁的侍女连忙搀扶着她起身，一行人缓缓进屋去了。

太阳没多一会儿就下山了，夜晚时分，廊下都挂起了灯笼，昏黄的光芒照亮了长廊。

纳兰性德正往回走，却见之前下午卢氏与颜氏乘凉的院子里，一个婀娜娉婷的身影正一会儿往东，一会儿往西。

黑暗中，几点星星一样的荧光正缓缓地飞舞着。

纳兰性德好奇地过去一看，却见是还有些孩子气的妻子卢氏，挽起那绣有鱼子花纹的衣袖，手中持着一柄团扇，笑嘻嘻地在院子里扑着流萤。

见丈夫过来，卢氏才停了下来，拭了拭额上的香汗，面对丈夫的疑问，笑着回道："想捉几只放在布袋里，给富格玩儿。"

树丛中栖息的蝴蝶被吓到了，扑腾着飞出几只，在黑夜里闪了几下，就又缓缓地停在了树木、草丛中。

有一只蝴蝶大概是慌不择路，一下子扑到纳兰性德的手中。

卢氏见了，顿时哎呀一声，用纤手捂住了嘴，甚是惊讶，夫妻俩相顾扑哧笑出来。

纳兰性德看着眼前香汗淋漓的妻子，突然想起唐代诗人杜牧的《秋夕》一诗来。

眼前的画面，可不就是"轻罗小扇扑流萤"？

幸福是什么呢？幸福就是这眼前的点点滴滴，慢慢会聚起来，然后在记忆里慢慢发酵，最终深深地铭刻在了心底，在多年后回想起来，依旧会忍不住为之微笑。

只是，到那个时候，幸福已经成了回忆。

烟暖雨初收，落尽繁花小院幽。摘得一双红豆子，低头，说着分携泪暗流。

人去似春休，卮酒曾将酹石尤。别自有人桃叶渡，扁舟，一种烟波各自愁。（《南乡子》）

纳兰性德十九岁的时候，错失了人生第一次殿试的机会。

他为此写下一首七律《幸举礼闱以病未与廷试》：

晓榻茶烟揽鬓丝，万春园里误春期。

谁知江上题名日，虚拟兰成射策时。

紫陌无游非隔面，玉阶有梦镇愁眉。

漳滨强对新红杏，一夜东风感旧知。

诗中既有对好友能够金榜题名的高兴与祝福，也有对自己错失殿试机会的惋惜与枉然。

如今三年已经过去，在这三年中，他不但娶妻生子，更组织编撰了《通志堂集》与《渌水亭杂识》，而且更多的时候，他在授课老师徐乾学的精心指导下，准备再一次殿试。

这一年，是康熙十五年。

其实纳兰性德在这一年中还有个小小的插曲。

头年皇子保成被立为太子，于是为了避皇太子名字中那个"成"字讳，纳兰便把自己的名字从"成德"改成了"性德"，

当时只道是寻常：纳兰性德词传

这也就是我们最耳熟能详的名字的由来。到了第二年，皇太子保成改名叫胤礽，纳兰也就不用再继续避讳，又重新用回了自己原来的名字"纳兰成德"。

康熙十五年的殿试，纳兰性德果然考中了二甲第七名进士。

一般说来，在殿试金榜题名之后，皇帝都会给这些十年寒窗苦读终于鱼跃龙门的学子们分派官职，进行委任。不过纳兰性德在考中进士之后，却并没有马上获得委任，只是据传将参与馆选，可这个消息并非很确切。

纳兰性德倒也不怎么在乎。

其实，如果说第一次的殿试因为造化弄人，让他不得不错失的话，那这第二次的殿试对纳兰性德来说，更多的，大概就是抱着一种弥补以前遗憾的心态。

如今考上了，金榜题名了，当年的憋闷就随之烟消云散，所以派不派官职，又有什么区别呢？

他本来就不是那要以科举来改变自己命运、削尖脑子也要往官场里钻的人。

对纳兰性德来说，所谓的官职大概还比不上卢氏重要，比不上颜氏，也比不过刚出生没多久的儿子富格。

所以这个时候的纳兰性德，还是那么自由自在，无比幸福。

世人都是不同的，有些人喜好热闹，有些人喜好安静。

从纳兰性德的诗词与生平中我们可以看出，在他的性格之中，更多的，是一种词人所特有的清冷与忧郁，也可以说是所谓的艺术家特有的气质，那是种从骨子里透出来的忧愁。

别人见到红豆，想起来的，是"红豆生南国，春来发几枝"，而在纳兰性德的眼中，这一双红豆，若是有一天两两分开，又该是怎样的寂寞？

据说幸福的人见不得凄冷分离的孤独画面，那是因为会让他们不由自主地想起，眼前的幸福终究抵不过时间的流逝，总有一天会分手，最终忍不住伤心。

一日，纳兰性德看着雨后湖心中那一只飘摇着的小舟，孤孤单单，在雨丝中飘飘忽忽，不知要驶向哪里。

手心里，是刚刚摘下的一双红豆子。

那是之前卢氏放到他手中的。

两颗小小的红豆晶莹红润，好像两颗小小的红宝石一般，在自己的掌心之中静静地躺着，像是在述说着卢氏说不出口的感情。

只是，如今眼前这两颗红豆还能紧紧地依偎在一起，但是一年之后呢？两年之后呢？十年之后呢？

就像他与卢氏，是不是真的就能像成亲之时说的那样，与子偕老共白头呢？

是不是真的能够一直相互陪伴着，走到人生的最后？

那时候，纳兰性德并没有想到，自己这番突如其来的念头，竟成了往后岁月的预言。

只是他当时并不知道而已。

当时只道是寻常：纳兰性德词传

第三节　心有灵犀的红颜知己

在纳兰性德短暂的三十年岁月中，他的感情向来是被人们所津津乐道的，除了那位扑朔迷离的表妹，另外几位都是有证可考的，原配卢氏、续弦官氏，还有妾室颜氏。

但是在纳兰性德生命的最后一年中，还出现了一位女人，那便是江南才女沈宛。

清代谢章铤的《赌棋山庄词话》中说：

容若妇沈宛，字御蝉，浙江乌程人，著有《选梦词》。述庵词综不及选。菩萨蛮云："雁书蝶梦皆成杳。月户云窗人悄悄。记得画楼东。归骢系月中。醒来灯未灭。心事和谁说。只有旧罗裳。偷沾泪两行。"丰神不减夫婿，奉倩神伤，亦固其所。

此评价颇高，对沈宛的才学更是赞扬不已。

据说沈宛十八岁便有《选梦词》展现于世，纳兰性德见到了《选梦词》，引为知己。后来在顾贞观等朋友的介绍下见了面，相互属意，沈宛便从此跟了纳兰性德。只是一年后纳兰性德病故，她伤心之际，黯然回到江南，孑然一身。

如果说纳兰性德因为看到了沈宛十八岁的词集《选梦词》而倾心的话，让人觉得有些不可能，那时候纳兰性德年已而立，不再是懵懵懂懂的少年儿郎，又经历了爱妻卢氏的亡故等打击，若这么快便移情别恋，有些不太像他的性格。

不过在沈宛的词中有一句"雁书蝶梦皆成杳"，倒是透露出些许的真相。

他们相见之前，应该也是和现在的笔友一样，鸿雁来去，书信交往，相互间慢慢倾心，最终水到渠成。

只是沈宛一直没有成为纳兰性德的正式妻子，她只是个情人。

沈宛与卢氏、官氏、颜氏不同，她是个名副其实的汉人，当时满汉不通婚，这就让她无法踏进明珠府。再加上并非良家出身，或者说，是类似柳如是、董小宛的身份，也让她只能和纳兰性德保持着一种没有名分的关系。

纳兰性德把她安置在德胜门的外宅之内，两人才学相近，情人间的生活倒也旖旎风流。而从沈宛与纳兰性德的词中也看得出来，两人是当真互相当对方是知己，相知相惜的。只是造化弄人，半年后，纳兰性德突然病故，沈宛伤心欲绝，孤独无靠，只好含泪返回江南，留下一段让人扼腕叹息的遗憾。

黄昏又听城头角，病起心情恶。药炉初沸短檠青，无那残香半缕恼多情。

多情自古原多病，清镜怜清影。一声弹指泪如丝，央及东风休遣玉人知。（《虞美人》）

康熙二十三年，纳兰性德二十九岁。

从康熙十六年开始到如今，纳兰性德已经当了整整七年的御前侍卫。

在这段时间内，他从三等御前侍卫升为一等御前侍卫，深得康熙皇帝的信任，正是前途似锦的时候。

可是，对纳兰性德来说，这样小心翼翼的侍卫生活，是他所希望所追求的吗？

答案是很明显的，所以，他觉得有些厌倦了。

这个囚禁着他一颗词人之心的囚笼，要什么时候才肯打开笼门，放他离开呢？

这个时期纳兰性德所写的词，明显地带有一种"无聊"的意味，无论是在给卢氏的悼亡词中，还是在其他题材的词中，这种冷清的感觉贯穿始终。

他已经做了整整七年的侍卫，卢氏也离开他整整七年了。

纳兰性德后来续弦官氏，但他的爱情早已随着卢氏的身故而逝去，哪里还能再爱上别的女人？

就在这一年的九月，金秋之时，顾贞观从江南再度回到了京城。

与他同行的，还有纳兰性德早已闻名却从未见过的江南才女——沈宛。

在这次沈宛上京之前，纳兰性德就已从好友们的描述中知道了这位女子的名字。

沈宛，字御蝉，江南乌程人。

古人说："英雄每多屠狗辈，自古侠女出风尘。"江南秦淮，明末清初，确实出了不少有名的风尘女子，才艺双绝，貌美如花。

其中最有名的，应该是如今我们耳熟能详的"秦淮八艳"了。

她们是吴梅村笔下"恸哭六军俱缟素，冲冠一怒为红颜"的陈圆圆，被后人穿凿附会为董鄂妃的董小宛，还有那风骨铮铮的柳如是，侠肝义胆的李香君，礼贤爱士、侠内峻嶒的顾横波，长斋绣佛的卞三京，擅长书画的马湘兰，以及颇有侠气的寇白门。

对纳兰性德来说，他此时需要的不是寇白门之类的风尘侠女，而是沈宛这样善解人意，叫人见之愉快的女子。

沈宛，刚好适合。

所以就在这一年的年底，纳兰性德纳了沈宛为妾。

其实纳兰性德究竟有没有和沈宛举行过婚礼，也是个颇多争议的问题。

在当时，满汉不通婚，沈宛的汉族身份注定了她无法进入明珠宅邸，只能住在外面的别院内。

纳兰性德把沈宛安置在北京西郊德胜门的宅子内，他尽力地给予沈宛一切，却唯独不能给她一个家。

而这，却正是沈宛所要的。

半年后，沈宛离开了京城，她并不知道，这一去便是永别。

"予生未三十，忧愁居其半。心事如落花，春风吹已散。"

这是纳兰性德的诗句，像是为自己写下了短暂一生的总结，如此忧伤，如此寂寞。

　

欲问江梅瘦几分，只看愁损翠罗裙。麝篝衾冷惜余熏。

可耐暮寒长倚竹，便教春好不开门。枇杷花底校书人。（《浣溪沙》）

在后人的记载或者传记中，沈宛都是作为纳兰性德情人的身份出现的，渐渐地，连她的存在都成了一桩迷案。

沈宛是不是真实存在？

沈宛的真实身份究竟是什么？

所谓"一千个观众就有一千个哈姆雷特"，这里也一样，众说纷纭。不过，我想沈宛的身份虽然成谜，但是这个人是肯定存在的。

当时陈见龙曾经填了一首词，赠予纳兰性德，题目便是"贺成容若纳妾"。

"成容若"便是纳兰性德，他字容若，以自己名字"纳兰成德"中的"成"字为姓，给朋友们的信笺中都是署名"成容若"，朋友自然也以这个名字来称呼他。

陈见龙正是为祝贺纳兰性德与沈宛的结合，写了这首《风入松》：

佳人南国翠蛾眉。桃叶渡江迟，画船双桨逢迎便，细微见高阁帘垂。应是洛川瑶璧，移来海上琼枝。

何人解唱比红儿，错落碎珠玑。宝钗玉臂樗蒲戏，黄金钏，幺凤齐飞。潋滟横波转处，迷离好梦醒时。

这首词上半阕写婚嫁迎娶，下半阕写新婚宴尔，词句华丽，情真意切。

对于好友的祝福，纳兰性德坦然地接受了。

沈宛与卢氏不同。

相较于卢氏温婉宽厚，沈宛知书达理，才学不输纳兰性德，也因此，两人在文学上颇多共同语言。

这个时候的纳兰性德已经有了官职在身。他是康熙皇帝跟前的大内侍卫，负责保护皇帝的工作，公务十分繁忙，再加上本来就是有家室的人，所以与沈宛在一起的时间自然不会很多。

好在沈宛是明白纳兰性德之人，否则也不会在鸿雁传书之间互通心意，最后两两倾心。

她知道丈夫繁忙，所以自己总是乖巧地待在德胜门的宅子里，寂寞而又带着期盼地等着，等着纳兰性德的每一次到来。

精通诗词之人似乎都有个比较相似的毛病，那就是容易多愁善感，悲春伤秋。而沈宛既然是以诗词闻名，自然也不可避免地有着一颗敏感的心。

虽然对纳兰性德的公务繁忙，她并没什么怨言，但日子一长，未免就开始多愁善感起来。

黄昏后，打窗风雨停还骤。不寐乃眠久。渐渐寒侵锦被，细细香销金兽。添段新愁和感旧，抔却红颜首。

这首《长命女》大概是沈宛这段时期所作，流露出一股哀婉之情。

某一天的黄昏后，雨倒是停了，可屋檐边缘，那雨珠却还在滴滴答答地落着，滴在房下的台阶上。雨后的寒意渐渐侵了进来，本来温暖的棉被也有些润润的感觉，触手摸去，有些凉凉的了。下一句"细细香销金兽"，大概是取自李清照的《醉花阴》中"瑞脑销金兽"一句，只是在李清照笔下，那室内香炉里轻烟缭绕飘散，欢愉嫌日短，苦愁怨更长，此情此景下，心中所念的都是远在千里之外的丈夫，也难怪会"莫道不消魂，帘卷西风，人比黄花瘦"了。

也许在女词人的心里，对愁绪，对思念之情，所见所想所感都是一样的吧！所以当沈宛孤独地看着屋内香炉内那缭绕的轻烟在空气里慢慢飘散的时候，想到的是"添段新愁和感旧"，在日复一日的等待中，红颜也寂寞。

　　不过，在这样寂寞的冷冷清清的日子里，也是有着暖色的。

　　想必是梅花开了，所以这天，纳兰性德对沈宛戏谑地说道："欲问江梅瘦几分，只看愁损翠罗裙。"言下之意是把沈宛比喻成梅花，见到沈宛眉间那一缕淡淡的愁思，所以才半是开玩笑半是认真地笑道，若要看梅树瘦了几分，只要看眼前人的腰肢消瘦了几分便知道的。

　　虽是戏谑之语，言下之意却是在说，自己清楚沈宛内心的愁苦。

　　沈宛又何尝不知?

　　只是知道归知道，有些话，她始终说不出口。

　　正如纳兰性德，也有着不能言说的苦衷。

　　这首词的最后三个字"校书人"，典故用得有点儿生僻。

　　在唐代诗人王建的《寄蜀中薛涛校书》一诗中，有这样两句："万里桥边女校书，枇杷花下闭门居。"

　　薛涛是古代名伎，也是颇有名气的女诗人，她所制的"薛涛笺"更是大名鼎鼎，乃是文雅风流的象征，而因为王建的这首诗，后世人便把能诗文的风尘女子称为"女校书"。

　　在这首《浣溪沙》里面，纳兰性德用了"校书人"的典故，倒并不是专门为了指出沈宛出自风尘的尴尬身份，不过是见沈宛在花下看书.那画面颇为美妙,才有感而发,借指花下读书人而已。

脂粉塘空遍绿苔,掠泥营垒燕相催。妒他飞去却飞回。

一骑近从梅里过,片帆遥自藕溪来。博山香烬未全灰。(《浣
溪沙》)

纳兰性德与沈宛在一起短短的大半年时光中,还是十分美
满的。

倒不是说他与官氏、颜氏的感情不好,而是在思想上,在卢
氏之后,纳兰性德也许是再次找到了与自己心意相通的人。

不论沈宛的出身如何,至少在诗词的意识形态层面上,她和
纳兰性德是平等的,或者说一位文艺男青年、一位文艺女青年,
金风玉露一相逢,自然是越聊越投机,最后结局理所当然是"便
胜却人间无数"。

于是我们倒回去说一说沈宛与纳兰性德的初见吧。

那是康熙二十三年,甲子。

九月的一天,暑气还未完全散去,空气里还有些闷热,即使
穿着薄薄的夏衫,汗水还是从身上每一处肌肤沁出来,黏黏的。

马车在一处看似寻常的宅院门前停下来,里面有人下了车,
被门口的下人恭恭敬敬地接进屋内,此人正是纳兰性德。

这处宅院乃是顾贞观在京城的宅子。当然,论豪华,比不上
当时已经贵为太子太傅的明珠宅邸那么金碧辉煌,只是普普通通
的院子,但里面布置得颇为雅致,一看便知主人花费了不少心血,
小桥流水,绿草茵茵,有着江南水乡的雅致与秀气。

大概，是因为宅院主人本来就出身江南的关系吧。

每次纳兰性德来到这儿的时候，都会忍不住这样赞叹。

顾贞观早已等待在廊下，见自己的学生兼忘年之交按时到达，笑着迎上去。

纳兰性德的脸上又何尝不是带着笑容。

顾贞观不愧是纳兰性德多年的好友，只有他，从这位年轻自己很多岁的好朋友眼中，看到的不是欢愉，而是忧愁；看到的，是他挣不脱樊笼的苦恼与闷闷不乐。

好在这一次，顾贞观从江南回到京城的时候，还另外带来一个人，纳兰性德的信中所言的"天海风涛之人"。

"天海风涛"一语出自李商隐的《柳枝五首》序：

柳枝，洛中里娘也……生十七年，涂妆绾髻，未尝竟，以复起去。吹叶嚼蕊，调丝擫管，作天海风涛之曲，幽忆怨断之音……

李商隐诗中的"天海风涛"，写的正是李商隐的红颜知己柳枝。柳枝的身份乃是歌伎，而纳兰性德所言的"天海风涛"，指的自然是沈宛了。

于是纳兰性德与沈宛得以相见。

那时候的纳兰性德，大概并未有纳沈宛为妾的念头。他对这名聪慧的江南女子，更多的是惜才，基于一种"同是天涯沦落人"的惺惺相惜。

沈宛不幸沦落的是她的身，在风尘中打滚，只是这样的女子依旧能在那么复杂的环境中保留着一份纯真，在她的诗词中，毫无遮掩地表达了出来。

而纳兰性德的"天涯沦落",其实指的是自己无心官场与权势。

所以,在沈宛随着顾贞观来到京城之后,纳兰性德也来到了这座宅子。

他终究是好奇,好奇这位与自己"同为天涯沦落人"的才女。

与其他女子不同,沈宛是素雅的、淡静的。

她穿着一身颜色淡雅的绿色衣裙,面容秀美,并未和其他歌女一样化浓艳的妆,只是淡扫蛾眉,略施粉黛,乌黑的发髻上插着一支银白色的簪子,简简单单的凤尾样式,怀抱琵琶,安静地坐在那儿,轻声弹唱。

她与其他人是那样不同,气质沉静,带着一种出淤泥而不染的干净气息,直到顾贞观引着她走到纳兰性德的面前,微笑着介绍说,这位便是明珠府的纳兰公子,名成德,字容若。

她笑了,他也笑了。

有时候,一见钟情也许只是一瞬间的事。

沈宛终于见到了自己倾心已久的纳兰性德,一如她无数个夜里,看着对方的信笺所暗自想象的那样,脑海里的影像与眼前的人影逐渐重合起来,最终成为现实。

沈宛双颊上飘起两朵红云,然后朝纳兰性德轻笑一下。

看着眼前的女子,纳兰性德脑中却突然浮现出另外一位女子的音容笑貌来。

那天,卢氏也是这样对着自己嫣然一笑,仿佛三月的桃花般,连周围的景色都为之绚烂起来。

这年年底,纳兰性德便正式纳了沈宛为妾。

这场婚礼并不是很隆重，纳兰性德的好友们还是纷纷送来了祝福，祝福这一对璧人的结合。

在其他人的眼中，纳兰性德还那么年轻，也早就该从卢氏亡故的悲伤中走出来，去寻找属于他的幸福。而沈宛才貌双全，又和纳兰性德有那么多的共同语言，难道不是一个最好的选择吗？

对纳兰性德来说，个中的滋味儿，也只有自己才知道。

我倒是觉得，纳兰性德与沈宛之间，其实更像是朋友。

他们在诗词上有着共同语言，如果沈宛如顾贞观等人一样是男性，那么纳兰性德便是又多了一位知音好友。但沈宛偏偏是女子，而且还是江南小有名气的歌伎才女，所以如果说纳兰性德与沈宛之间只是纯洁的友情与惺惺相惜的话，那似乎很难让人相信。

纳兰性德与沈宛，两人之间是友情也好，爱情也罢，总之无论如何，沈宛若与纳兰性德交往，确实也只有成为对方姬妾一途，因为她的身份地位，又是汉人，纳兰性德也不敢冒天下之大不韪，将沈宛接进明珠府，所以他才在德胜门为沈宛置了一处幽静的宅子。

两人相处的日子是愉快而且充满诗情画意的。

也许是某一天的午后，纳兰性德与沈宛正在说话，不知何时变成了沈宛在说着江南的那些名胜古迹，还有流传于民间的传说。

据说在昔日吴宫之处，有香水溪，是当年西施沐浴的地方，所以又名叫脂粉塘，只是如今西施早已不见踪影。而奢华的吴王皇宫也早已不复当年的巍峨与华丽，往日种种，已随着时光的流逝变成了历史里的一缕烟尘，只有燕子依旧每年飞来飞去，衔泥做窝，年复一年。突然，马蹄声传来，路上一骑飞驰而过，一叶小船缓缓地从藕溪上划过，船上的人，是要往哪里去呢？

在沈宛娓娓的描述中，纳兰性德觉得眼前仿佛出现了这样的一幕画面，带着江南水乡氤氲的雾气，淡淡的，悠然的，如同倪瓒笔下的一幅山水画。

相比于京城的繁华，或许这样的悠然才是纳兰性德内心真正想要的。

沈宛在描述这些的时候并不知道，在看到纳兰性德因为这番描述而写出来的这首《浣溪沙》的时候，也并不知道。

她只知道，纳兰性德在欢笑之余，不知为何，有时会突然陷入沉思，怔怔地发呆，那是一种自己从未见过的寂寥的神情。

谢家庭院残更立，燕宿雕梁。月度银墙，不辨花丛那辨香。

此情已自成追忆，零落鸳鸯。雨歇微凉，十一年前梦一场。

（《采桑子》）

在德胜门别院居住的日子，沈宛逐渐发现，身旁的男人不知什么时候，总是面露愁容，神情寂寥，尤其当他一人独处的时候，那孤零零的身影，像是写满了"寂寞"两个字。

沈宛有时候忍不住，很想去问一问纳兰性德，是在为谁叹息，但总是问不出口。

午夜梦回的时候，她偶尔会从身边男人呢喃的梦话里，依稀听见另外一个女人的名字，还有"三年"的字句。

沈宛知道，纳兰性德心中念念不忘的，正是因为产后疾病而身故的妻子卢氏。

那早逝女子的身影，原来已经在他的心里刻骨铭心。

于是纳兰性德无意中的叹息，传进沈宛的耳中，她也渐渐带上了忧伤而寂寞的色彩。

他终究还是寂寞的呀！

也许，沈宛也想过要怎样才能抚平纳兰性德的忧伤，去安慰他内心深处的寂寞。但是对纳兰性德来说，曾经的激情已经消散无形，那曾经刻骨铭心的爱情，如今却变成了一道沉重的枷锁，不光是牢牢地锁住了他，也锁住了沈宛。

沈宛虽然从不说，但她心里真正想要的，恰恰是纳兰性德所无法再给予的。

纳兰性德也知道，自己对沈宛，实在是已经给予不了太多了。

沈宛要的，他偏偏给不起。

此情可待成追忆，只是当时已惘然。

半夜三更的时候，纳兰性德常常会独自站在院子里。

四周，花丛里淡淡的花香在夜色里缓缓地飘散着，若有若无。银白色的月光如水般洒在院墙上、地面上，仿佛笼了一层薄薄的银纱。

此情此景，在纳兰性德的眼中，却与记忆缓缓地重合了。

多年前，是谁，也曾和自己一起这样站立在月下的庭院中，看着天边的弯月，如今，那陪自己赏月之人，却是去了哪里？

此情可待成追忆啊，蓦然回首，当年的记忆，仿佛是做了一场梦一般。

身后传来轻轻的脚步声，纳兰性德惊喜地回头，在见到来人的一刹那，脸上的喜色旋即变成了失望的神情，动作是那么快，快得来不及掩饰内心的一点一滴，在那一瞬间都毫无保留地表露在沈宛的面前。

沈宛还是一如既往温婉地微笑，秀美的面孔上并未流露出其他神情，只是关心地替他披上外袍，但眼中，一抹无奈的神色却是清清楚楚地落进纳兰性德的眼中。

纳兰性德对沈宛是喜爱的。

但是，喜爱不是爱情，所以半年之后，沈宛还是走了，回到了江南。

两人分别的时候，平平淡淡未有任何的波澜。

她离开，他去送行，临别之际，纵然有千言万语，最终也不过是变成轻轻的一句"一路顺风"。

不是不想挽留，而是纳兰性德觉得，他给不起沈宛想要的爱情，既然如此，与其在未来的岁月中让沈宛越来越落寞寡欢，还不如让她去继续寻找自己的幸福，去寻找能给予她爱情的人。

沈宛离开的时候，只说了这么一句话——"枝分连理绝姻缘"。

这是沈宛《朝玉阶》中的一句，当时写下这首词的沈宛怎么也没想到，那时无心的一句话，如今却已成真。

孔雀东南飞，本以为看的是别人的故事，哪知到了最后，竟应在了自己身上。

离开的沈宛完全没有预料到，她这一走，便是永别。

从此阴阳两隔。

而今才道当时错，心绪凄迷。红泪偷垂，满眼春风百事非。

情知此后来无计，强说欢期。一别如斯，落尽梨花月又西。
（《采桑子》）

对沈宛，纳兰性德心中是隐隐有着愧疚的吧！

"而今才道当时错"，如今回想起来，才说当初做错了，还来得及吗？

这句其实出自宋代晏几道的《醉落魄》一词："心心口口长恨昨，分飞容易当日错。"

说起晏几道，其实此人与纳兰性德也有几分相似。同样是天才的词人，同样才华出众，同样不愿被世俗约束，同样出身高门却不慕权势。

纳兰性德是颇推崇晏几道的，在他给梁佩兰的《与梁药亭书》中，这样写道：

仆意欲有选如北宋之周清真、苏子瞻、晏叔原、张子野、柳耆卿、秦少游、贺方回，南宋之姜尧章、辛幼安、史邦卿、高宾王、程钜夫、陆务观、吴君持、王圣与、张叔夏诸人多取其词，汇为一集，余则取其词之至妙者附之，不必人人有见也。

其中提到的"晏叔原"，便是晏几道。

他出身高门，乃是晏殊的第七子，黄庭坚称赞他是"人杰"，也说他痴亦绝人："仕宦连蹇而不能一傍贵人之门，是一痴也。论文自有体，不肯作一新进士语，此又一痴也。费资千百万，家人寒饥，此又一痴也。人百负之而不恨，已信人，终不疑其欺己，此又一痴也。"由此可见，晏几道孤傲清高，不喜权贵。而且晏几道的词工于言情，十分有名，与父亲晏殊不分上下。不管是"落花人独立，微雨燕双飞"，还是"当时明月在，曾照彩云归""从别后，忆相逢，几回魂梦与君同"，在词风上与李煜颇为接近，情真意切，工丽秀气。

而纳兰性德会比较推崇晏几道的词作，也在情理之中了。

"而今才道当时错"，当时分开，如今回想起来，竟是如此地后悔，觉得自己是不是做错了什么。但是为时已晚，"心绪凄迷。红泪偷垂"，窗外春风依旧，却早已物是人非。

"满眼春风，不觉黄梅细雨中。"早知道后来无法再相见，那么强颜欢笑着述说当初那些欢乐的日子，又有什么意义呢？

"一别如斯"，梨花在枝头上绽放过，如今再度落尽，春天已经过去了。但是，还会有相聚的日子吗？

在这首《采桑子》里面，一句"而今才道当时错"，写尽无奈，写尽世间的不完满。

仕途 不是人间富贵花

『非关癖爱轻模样，冷处偏佳。别有根芽，不是人间富贵花。』

康熙十六年，纳兰性德终于踏入了官场，成了乾清宫的一名御前侍卫。

从此，他跟随在康熙的身边，北上南巡，足迹踏遍大江南北。

康熙十六年。

纳兰性德终于获得任命，从此步入了仕途。

只是与他想象的不同，或者说，和当时世人预料的完全不一样，任命给纳兰性德的官职竟然是皇帝跟前的三等御前侍卫。

这可是武职。

纳兰性德的词名早已远扬，在京城引起了轰动，再加上他考中功名，进士及第，怎么样都该是文职才对，可谁也没想到，皇帝给他委派的官职却是御前侍卫。

御前侍卫是清朝才有的，是天子的侍从、贴身跟班，待遇很高，地位也很尊贵，是专门为贵族子弟设立的特殊职位。因为经常跟着皇帝，升迁的途径也比其他职位要宽得多，也容易得多。在清朝，由侍卫出身而最后官至公卿将相的，不在少数，像纳兰性德的父亲明珠就是从侍卫做起，最后成为武英殿大学士而权倾天下的，还有与他同朝的索额图等人亦如此。所以，皇帝让纳兰性德做自己的御前侍卫，也不无道理。

以纳兰性德的出身，还有文武双全，都是御前侍卫的最好人选，三等侍卫相当于正五品的官员地位，对二十来岁的年轻人来说，相当不错了。所以皇帝这样安排，看起来并没有什么不妥的地方。

不对的，仅仅是纳兰性德并不适合做官而已。

现实与理想的冲突、纠结，让他从此不再快乐。

不过，作为侍卫的纳兰性德，是相当称职的。

他在很小的时候就开始练习骑射，学习武艺，只是后来他的词名远远盖过了武艺上的成就，给人以只会文不懂武的错觉。

康熙皇帝一生之中，曾经多次北上与南巡，身为御前侍卫的纳兰性德自然跟着皇帝一路随行。

八旗子弟出身的纳兰性德，骨子里还是继承了先辈们马上打江山的豪迈。在这段跟着康熙皇帝东奔西走的日子里，他领略了塞北风光，他的词中因而多了不少描写塞外荒寒之地的作品。

王国维甚至在《人间词话》中这样赞道：

"明月照积雪""大河流日夜""中天悬明月""黄河落日圆"，此种境界，可谓千古壮观。求之于词，惟纳兰性德塞上之作，如《长相思》之"夜深千帐灯"、《如梦令》之"万帐穹庐人醉，星影摇摇欲坠"，差近之。

如此评价，当足矣。

第一节　随驾北巡

山一程，水一程，身向榆关那畔行，夜深千帐灯。

风一更，雪一更，聒碎乡心梦不成，故园无此声。(《长相思》)

这一年，作为康熙皇帝御前侍卫的纳兰性德，扈从皇帝北上，一路走永陵、福陵、昭陵，最后出了山海关。

这对一直居住在京城里、很少涉足他处的纳兰性德来说，是一次难得的体验。

他第一次见到了塞外呼啸的寒风，鹅毛般的大雪。这雄浑的北国风光，给了他从未有过的触动，素来清丽哀婉的词风也随之一变。

纳兰词中偶有雄浑之作，大多数就是出自这个时期。

最有名的，当属这首《长相思》了。

词牌很旖旎，长相思，相思长，可内容却一点儿也没有儿女情长，反倒是一派豪迈磊落。

其实根据词风的不同，我们总是习惯单纯地把词分作"婉约词""豪迈词"，但是很多词人并非是只能写其中的一类，往往两样都十分精通的，就像辛弃疾有"醉里挑灯看剑"，也有"蓦然回首，那人却在，灯火阑珊处"之句；苏东坡在写出"大江东去，浪淘尽，千古风流人物"的句子之外，也能写出"但愿人长久，千里共婵娟"；李清照除"莫道不销魂，帘卷西风，人比黄花瘦"

之外，也有"生当作人杰，死亦为鬼雄"的豪迈之句。纳兰性德这段时间所写之词，不复《侧帽集》的风流婉转，也不复《饮水词》的凄凉哀婉，而是想要把他骨子里的那种属于年轻人的、从父辈们那儿继承下来的热血与豪迈完全发泄出来一样，塞上词因此成了他作品中一抹异样的光彩。

这首《长相思》，算是纳兰性德这类词中的代表作了。

简单直白，却生动地描绘出行军途中在荒原之上宿营的雄壮画面。

它是如此有名，以至于出现在小学语文课本中，是如今孩子们必学的诗词之一。

纳兰性德作为康熙皇帝的扈从出了关，眼中所见，不再是京城的软红千丈，不再是熙熙攘攘的人潮往来，远远看去，只有一望无际的荒漠，寒风呼啸而来，带着刺骨的寒意。

传令的声音远远地传来："皇上有旨，就地扎营。"

浩浩荡荡的大队人马，就随着这一道命令，在原地扎营。

营帐连绵，在荒野之中蜿蜒，一眼望不到头。夜色缓缓降临，呼啸的寒风里也慢慢地夹上了鹅毛般的雪。

今晚轮到纳兰性德值班，用过晚饭，见时辰差不多了，纳兰性德便穿上盔甲，拿起兵器，起身出了营帐。

帐外，风雪越来越大，寒风刺骨。

纳兰性德并没有畏惧，他还有工作要完成。

如今已经不是在自己的家里了，他要去换下当值的同僚，让他们回到温暖的营帐内休息。

一片漆黑的夜空之下，连绵不绝的帐篷内，昏黄色的灯光错落地透了出来，仿佛天上的星星，在风雪的肆虐下落到了地面上，"夜深千帐灯"。

看着眼前无数点点昏黄的灯光，纳兰性德突然想起，自己这一路上经过的地方，何尝不是一程山一程水？如今出了榆关，却山水不见，唯有一望无际的荒漠，还有眼前连绵不绝的营帐灯火。

望着眼前的这一幕，纳兰性德的心里是有些激动的，脑子里突然浮现出来的词句，也与自己往日的词风截然不同，带着一些豪迈的味道。

千里行程，万种所见，尽数化为"山""水"二字，以小见大，满腹乡思，一腔愁绪。

而这无数的帐灯之下，又有多少人与自己一样睡不着呢？又有多少人与自己一样，在思念着家乡的亲人呢？

风雪越来越大，纳兰性德听着帐外的风声与落雪的声音，数着远远传来的打更的声音。

一更过去，二更过去……

但是这风雪却丝毫没有停下来的意思，风声呼啸，卷着遥远的打更的声音。夜，突然变得更加漫长。

漫长得似乎永远也到不了尽头。

漫长得似乎永远也不会再见到天亮。

漫长得把一颗颗思乡的心，都搅碎了。

风雪声声，尽入内心深处。

于是他不由得回想起还在京城时候的日子，虽然也曾起过大风，虽然也曾下过大雪，但何曾有过这样凄凉呼啸的风雪之声？

自己本该是在京城里，与顾贞观、朱彝尊等好友们在一起，编撰着词论，编撰着词集，而不是在这关外的荒野之中，听着帐外呼啸的风雪声，思念着家乡的亲人。

自己为何会在此呢？

纳兰性德不禁这样问自己。

他一向是厌恶官场中的生活的。

但是，肩上的责任却让他不得不在这里，看着夜深千帐灯。

灯下，是一颗颗思乡的心，更是一颗颗报效国家的男儿心。

如果不是如此，我们为什么要出现在这里？

难能可贵的是，虽然这首《长相思》中浓浓地满是思乡之情，却一改纳兰性德以前缠绵悱恻的哀婉风格，而在忧郁中散发出一股豪迈的、欲报效国家的慷慨之气。

也许是二十多年的人生岁月，在此刻终于得到了沉淀，得到了升华。

"夜深千帐灯"，不愧"千古壮观"。

万帐穹庐人醉，星影摇摇欲坠。归梦隔狼河，又被河声搅碎。还睡，还睡，解道醒来无味。（《如梦令》）

说起《如梦令》，很多人第一个想到的可能就是李清照的《如梦令》。

纳兰性德似乎比较偏好《浣溪沙》《采桑子》等词牌，《如梦令》则只有那么几首。

但就是这一首，后来与《长相思》一起，被王国维赞为"千古壮观"。

　　在榆关待了几天，康熙皇帝继续北上，纳兰性德也跟着一起，这一日来到了白狼河，也就是今天的大凌河。

　　已经到了现在的辽宁省，关外塞上，一切的景色与京城如此不同。

　　这是纳兰性德第一次远离京城，到达如此遥远的地方。

　　辽阔的大草原上，北巡行营的围帐耸立着，如同在榆关时候那样，连绵不绝，一望无涯。

　　如此的大军，却是鸦雀无声，听不见喧哗，只有夜风呼啸而过的声音。

　　在这样安静的时候，纳兰性德也是昏昏欲睡。

　　眼前有点儿昏花，看出去，连天上的星星也像是要掉下来一般，摇摇欲坠。

　　那就不妨沉沉睡去吧！

　　在香甜的睡梦之中，说不定还能梦到自己的家乡，梦到家中的亲人。

　　但是，正当想要在梦里回到家乡的时候，河水的浪涛声传来，顿时搅了好梦。

　　如今还能怎么办呢？

　　人远在千里之外，连梦回家乡都不成，在这漆黑安静的夜空下，自己又能做什么？罢了罢了，还是睡去吧，即使已经梦不到家乡与亲人，但也总好过醒来时的寂寞与无奈。

如此也好。

如此甚好。

这首《如梦令》，写景写情，豪迈之中却还是有着惆怅与无奈的味道。

康熙北巡，他想到的是自己的帝王业，是自己的江山社稷，大好河山。

而作为扈从的纳兰性德，想到的却是随行将士们的思乡之情。

"可怜河边无定骨，犹是春闺梦里人"，古往今来，将士们成就的不过是一将功成万骨枯。

好在这一次只是北巡，而不是战争。

所以，将士们不用担心埋骨他乡，不用担心再也见不到家中的妻儿老小。

即使如此，思乡之情，却是连皇帝的圣旨都无法阻止的。

有人说，纳兰性德的这首《如梦令》，表面写景，其实写情，是作者在叹息人生际遇的多舛，与仕途不顺的惆怅，写出了词人在北巡时候的清冷心境。

后半句，我还算赞成；对前半句，却有些不赞同。

纳兰性德生性不喜官场，不喜俗务，却偏偏为此所困，心境清冷，尤其是在北巡之后，见识了雄浑的北国风光，见过了荒原之上一望无际的大军行营，风物的不同，让他的词境也有了不同，更加的宏大，不变的依旧是字里行间的沉郁，说他此刻心境清冷，倒也不为过。

但是，若要说纳兰性德仕途不顺，人生不顺，那从古到今，从李白、杜甫到同时代的顾贞观、朱彝尊，可能就要提出抗议了。

如果连纳兰性德都属于人生不顺的话，想不出还有谁，能够称得上"天之骄子"呢。

他本该是一直这么顺顺利利地走下去，走完应有的、充满鲜花与荣耀的一生。

在当时看起来，他也确实如此，沿着那条既定的、几乎没什么悬念的荣耀之道走着。

只不过在纳兰性德的心中，他一直清楚地知道，如今眼前的一切并非自己真正想要的，却又不得不这样走下去。

"三十而立"，他已经快要年满三十岁了，他已经有妻有子，有丈夫与父亲的责任。

现实不是童话。

"我本人间惆怅客，知君何事泪纵横。"

当年他写与朱彝尊的词句，此刻又突然浮现在脑中。

十年之后，纳兰性德突然再度懂得了朱彝尊。

非关癖爱轻模样，冷处偏佳。别有根芽，不是人间富贵花。

谢娘别后谁能惜，飘泊天涯。寒月悲笳，万里西风瀚海沙。

（《采桑子·塞上咏雪花》）

在纳兰性德跟随康熙皇帝北巡期间，他写了不少描写塞上风光的诗词，其中一首便是这《采桑子·塞上咏雪花》。

边疆塞外，风雪大作，一年到头都看不见春天。

古时有岑参的"突如一夜春风来，千树万树梨花开"，写尽边关要塞苦寒之地大雪纷飞时候的情景。

雪花洁白，在空中轻盈地落下，在支棱的枝条上慢慢堆积起来，一片一片的雪白，竟像满树梨花盛开的情景。

在岑参的笔下，雪花就像那梨花一样，为这苦寒之地平添了几分姿色。

而雪花又非花，它自天上而来，哪里像人间俗世的富贵花需要用浓妆艳抹来装点自己，但是世人喜好的偏偏正是那富贵之花，趋之若鹜。

谁能来怜惜这"不是人间富贵花"的雪花？

昔日《世说新语·言语》中，曾经记载过这样的一件事。

谢安见雪因风而起，便问自己的子侄辈们何物可比？有回答"撒盐空中差可拟"等的，只有侄女谢道韫回答"未若柳絮因风起"，谢安拍手叫好。

在谢道韫之后，这仿若柳絮一样的雪花，还有谁来疼惜它呢？

没有了吧？如今，这天宫的使者也只能漂泊天涯，看着寒凉的月色，听着悲凉的胡笳，飘飘摇摇，"万里西风瀚海沙"。

在纳兰性德的心中，这"不是人间富贵花"的雪花，漫天飞舞着，是不是每一片，都被他看成了自己的化身呢？

一句"不是人间富贵花"，语带双关。

若要以"人间富贵花"来形容纳兰性德，大约没有人会反对。

可是，被人艳羡不已的纳兰性德，却这样说道："别有根芽，不是人间富贵花。"

他断然否认了自己在那些世俗人眼中的身份，他从未因为自己的出身自鸣得意，反倒是毅然写明了自己的心意："不是人间富贵花。"

纳兰性德有着一颗高傲的心。

他不仗势欺人，他不趋炎附势，但是当现实与理想互相冲突时，妥协的往往都是理想。

纳兰性德也不得不妥协。

来自俗世间的种种条条款款，仿佛铁箍一般紧紧箍住了纳兰性德，让他喘不过气来。

据说，纳兰性德担任侍卫以来，"御殿则在帝左右，扈从则给事起居""吟咏参谋，多受恩宠"，应付自如，"上有指挥，未尝不在侧"，极受康熙信任。由于尽职称诣，他得到过康熙皇帝的许多赏赐，颇为让人羡慕。

由此可见，纳兰性德当官未必不行。

他毕竟是出生在官宦世家。

他应该比任何人都懂，都清楚。

只不过他的心并不在此罢了。

他想要的，是以自己的才华在文学上留下一笔，与自己的朋友们一起，用文字抒发胸臆，而不是用华丽的辞藻去歌功颂德。

但是对皇帝来说，他的出众才华大概也就是在心血来潮的时候用来为自己歌功颂德。

历朝历代，不会拍马屁的人不一定升不了官，但擅长拍马屁的人，一定比不会拍的人升迁快。

纳兰性德并不想拍马屁，更不想做那些歌功颂德之事，但是，人在屋檐下，不得不低头，皇帝一声令下，他焉能不从？

他有着纯正的儒生灵魂，汉文化早已深入他的骨子里。

文人可以是皇帝的朋友，可以是皇帝的老师，但若是为奴，便是侮辱了文化的清高。

不愿为奴的清高与骨气，在现实的强压下，终究是无可调和，化为纳兰性德一句无奈却悲愤的"不是人间富贵花"。

朔风吹散三更雪，倩魂犹恋桃花月。梦好莫催醒，由他好处行。

无端听画角，枕畔红冰薄。塞马一声嘶，残星拂大旗。（《菩萨蛮》）

《菩萨蛮》是纳兰性德北巡中又一首描写北国风光塞上景色的词。

乍见这首词，颇觉得有点儿像是在行军途中纳兰性德有感而发随性而吟的作品，没有"夜深千帐灯"的雄浑，也没有"不是人间富贵花"的悲凉，有的是对眼前景色的赞叹。

塞外常年北风肆掠，如今也是一样。

昨晚下的那场大雪，雪花飘落在荒原上、营帐顶上，白茫茫的一片，却被一阵又一阵的北风吹散了。

那被北风吹散的雪花，一片一片从空中缓缓飘散，仿佛漫天散落的梨花一般。

桃李芬芳，如果这雪花当真是梨花，莫非是倩女的灵魂所化，在留恋着昔日那些美好的时光？

如果是梦，那么就别去叫醒她吧。

号角的声音响了起来，已经是清晨时分了，被号角的声音给弄醒了，侧头一看，枕头旁边，半夜思乡而留下的眼泪早已结成了薄冰。

"枕畔红冰薄"，这一句出自五代王仁裕《开元天宝遗事》中的"红冰"记载："杨贵妃初承恩召，与父母相别，泣涕登车。时天寒，泪结为红冰。"

这里纳兰性德用"红冰"的典故，当然并不是自比杨贵妃，否则那就搞笑了。他只是借用这个典故，来说明自己思念家乡、思念亲人的心情。

远远传来了战马嘶鸣的声音，渐渐地，本来寂静的行营也逐渐有了脚步声、喧哗声，人们起床了，准备拔营继续前进。

大军往前行进的时候，天色还未完全敞亮，天空中还隐隐挂着几颗星星，星光冷冷地洒在大旗之上，一片清冷之气。

清晨的空气清新中带着寒意，驱走了纳兰性德残存的几分睡意。

远远眺望着天空，纳兰性德突然回想起梦中熟悉的面容来。

如今想起来，每每"欲离魂"的人，其实不是别人，正是自己吧。

如果在梦中，就能再度见到自己心爱的亡妻了吧？

如果是离魂而去，就能再度与自己心爱的亡妻相会了吧？

三月三日长生殿，夜半无人私语时，如果真的能见到自己心爱的亡妻，又何必计较是不是在梦中呢？

红泪枕边成薄冰，一点一滴，都是思念之情。

而这情，要如何才能传达到亡妻那儿？

一生一死，两个字的差别而已，却是天地之隔，永远不能再见。

第二节　一次秘密的军事行动

试望阴山，黯然销魂，无言徘徊。见青峰几簇，去天才尺；黄沙一片，匝地无埃。碎叶城荒，拂云堆远，雕外寒烟惨不开。踟蹰久，忽冰崖转石，万壑惊雷。

穷边自足秋怀，又何必平生多恨哉。只凄凉绝塞，蛾眉遗冢；销沉腐草，骏骨空台。北转河流，南横斗柄，略点微霜鬓早衰。君不信，向西风回首，百事堪哀。（《沁园春》）

"千里赴戎机"，并不只有古代的花木兰，其实纳兰性德第二次北上，完全配得上这五个字。

那一年八月，纳兰性德奉皇帝的命令，再次北上。

只是这一次，没有了皇帝北巡时的气魄雄伟，队伍浩荡，有的是执行隐秘任务的小心翼翼与如履薄冰。

根据记载，康熙二十一年的时候，为了阻止沙俄的南侵，康熙皇帝派都统郎坦、彭春、萨布素等一百八十人，以"狩猎"的名义，沿着黑龙江一路往北，最后到达雅克萨。

当时雅克萨在沙俄的侵占下，于是郎坦等人就装成寻常猎户的样子，探敌虚实，进行战略侦察，摸清了雅克萨的水陆通道。

有了这次侦查的情报，三年之后，清军与沙俄进行了史称"雅克萨之战"的反击战。清军取得胜利，朝廷与沙俄签订了中俄《尼布楚条约》，成功阻止了沙俄向南侵占与扩张。

当时参加这项隐秘侦查任务的人中，就有纳兰性德。

小榻琴心展，长缨剑胆舒。

当我们在回味纳兰性德那些优美词句的时候，也应该知道，这个男人除了会吟风弄月之外，也会提剑跨骑，上阵杀敌为国建功。

一世风流，一生至情，也同样有着不输给任何人的热血与豪迈。

徐乾学曾经赞他"有文武才，每从猎射，鸟兽必命中"，意思是说，在一干友人们去打猎的时候，纳兰性德也是英姿勃发，箭出必中，可想而知其神采飞扬。

对纳兰性德来说，武功并不是他得以自夸的资本，相比于骑射，他更喜欢的是诗词。但作为满族人的后裔，那种善骑射、骁勇尚武的传统，还是在他的骨血里根深蒂固，从而造就了这位文武全才。

他不但武艺出众，而且胆色过人。

姜宸英的《通议大夫一等侍卫进士纳兰君墓表》中曾经这样记述道：

……二十一年八月，使战唆龙羌。其地去京师重五六十驿，间行或累日无水草，持干粮食之。取道松花江，人马行冰上竟日，危得渡。仅抵其界，卒得其要领还报，上大喜。君虽跋涉艰险，归时从奚囊倾方寸札出之，叠数十纸，细行书，皆填词若诗，略记其风土方物。虽形色枯槁不自知，反遍示客，资笑乐。

意思是说，康熙二十一年八月的时候，纳兰性德被康熙皇帝派去参加这项危险的任务。目的地距离京城非常遥远，行进途中经常很多天都没有粮食水草，只能吃预先准备好的干粮充饥。一行人取道松花江，江面上早已结了厚厚的冰，他们在冰面上走了好几天，才勉强渡过了松花江。一到目的地，众人就分头进行自己的任务，把敌人的情况调查得一清二楚，回来禀告给皇帝，皇帝十分欢喜。纳兰性德虽然跋涉艰险，困难重重，但回来的时候，从随身的皮囊内掏出只有方寸大小的数十张纸来，上面密密麻麻地写满了细小的字，都是纳兰性德在这一路上的所见所闻，风土方物，都填成了词，写成了诗。经过这一次危险的任务，他整个人都消瘦不少，但他并不在意，和以往一样与朋友来往，而且还拿自己消瘦的模样来开玩笑。

短短一段话，纳兰性德那文武双全又豁达的形象顿时跃然纸上。

难能可贵的是，在这样危险的执行任务的过程中，纳兰性德还是抓紧一切可以利用的时间，把自己在这一路上所见到的，都记录下来，写成诗词。

俨然一位豪爽的英雄豪杰、江湖侠客。

纳兰性德一行人圆满地完成了任务，他们又平安地返回了京城。

这场收复领地的战争，纳兰性德只参与了前半部分，对于结局，他却无缘得见。

不是因为他能力不够，没有资格参与，而是上苍终究舍不得自己的宠儿，把纳兰性德召回了自己的身边。

第三节　江南好

　　江南好，怀古意谁传。燕子矶头红蓼月，乌衣巷口绿杨烟。风景忆当年。（《忆江南》）

　　金陵，观音门外长江边，燕子矶三面悬绝临水，仿佛一只就要临空飞去的燕子一般，其景甚奇、甚险，悬崖下惊涛拍岸，卷起千堆雪。

　　燕子矶乃是金陵一名胜，来来往往游客很多。在这些游客中，有一年轻公子翩然而来。

　　他远远地看着那陡峭的仿佛临空燕子一样的山石，看着燕子矶四周无数的红蓼带着旺盛的生命力在悬崖峭壁上顽强地盛开着，肆意张扬着它们短暂的生命。

　　人们来来往往，他们只是风尘仆仆的，来了又去，在长江水滚滚东去的浪涛声中重复着日出日落，重复着柴米油盐的平凡生活，最后渐渐老去，一年又一年，只留下燕子矶巍然耸立在江岩之上，看着人世间的一切。

　　燕子矶下，并无江南水乡的温婉秀美、安静宁和。它是陡峭的，甚至带着东坡学士笔下的"惊涛拍岸，卷起千堆雪"的气势，但饶是如此，当银白色的月光柔柔地洒下来，一弯新月斜斜地挂在天际之时，燕子矶下的江水也缓缓地沉静下来，只是轻轻地拍击着岸边的岩石，发出沙沙的响声。

金陵乃六朝古都，燕子矶何时矗立在此，无人可知，无处可考，但它就这样静静地立在长江岸边，看着改朝换代，看着昔日王谢堂前燕，不知什么时候飞入了寻常百姓家。

金陵东南文德桥南岸，便是乌衣巷。

东晋时期士族风流不羁，王导、谢安两大家族中也是名士尽出，那"未若柳絮因风起"的谢道韫，还有那"书圣"王羲之，无不是名满天下的名士，王、谢两家子弟裙屐风流，又喜黑衣，人称"乌衣郎"。

那时，谢安在淝水以少胜多，草木皆兵、风声鹤唳，大败了苻坚的秦军。

那时，谢道韫刚刚成为王凝之的妻子、王羲之的儿媳，夫妻恩爱相笃。

那时，王、谢两家的少年儿郎们，穿着流行的黑色衣裳，风流倜傥，出入不羁。乌衣巷口，夕阳又再一次斜斜地把最后的阳光洒落在地面上，把人拉出长长的影子。

当纳兰性德行走在乌衣巷口那翠绿的杨柳之下，也许会有种错觉，仿佛他是自千年前缓缓行来的东晋名士，带着浑身的书墨香，在淡淡的烟雾缭绕之间渐渐走来。

夕阳，仿佛把千年的时光都凝固在了乌衣巷那古老的青石板路上。

凝固在了巷口婀娜的杨柳枝间。

于是纳兰性德也说："江南好，怀古意谁传。燕子矶头红蓼月，乌衣巷口绿杨烟。风景忆当年。"

只不过，他忆的是哪个当年？如今早已说不清，但纳兰性德陪同康熙南巡到了金陵的时候，见到的燕子矶与乌衣巷，毕竟让他抒发了一通心中的怀古之意。

江南好，是白居易的"能不忆江南"，

是他的"何日更重游"。

更是他的"早晚复相逢"。

却不是纳兰性德的"风景忆当年"。

回忆当年那王谢子弟，乌衣偎傥，在物是人非的千年时光流转中，渐渐模糊了面容，只有影影绰绰的身影，在燕子矶头、乌衣巷口，烟雾般缭绕着，述说着千年前的风流宛转。

别后闲情何所寄，初莺早雁相思。如今憔悴异当时。飘零心事，残月落花知。

生小不知江上路，分明却到梁溪。匆匆刚欲话分携。香消梦冷，窗白一声鸡。（《临江仙·寄严荪友》）

纳兰性德作为皇帝的御前侍卫，随身近臣，比其他大臣与皇帝接触的时间要多，但侍卫是不参政的。虽然是有品级的军官，也并不统兵，他们与军政大事保持着一定的距离，职责只是保护皇帝的安全。

其实这么一想，也许御前侍卫是最适合纳兰性德的职位。

他素来不喜欢政治，本来也不想进入官场，但是因为家庭与出身的特殊性，让他不得不违背自己的意愿，走上原本不想走的路，而御前侍卫这个职位对他来说，或许是不错的选择了。

康熙皇帝一生六次南巡，并不是为了游山玩水去的，而是为了考察黄河水患、体察民情、整顿吏治，同时消泯满汉之间的对立情绪，笼络人心。这六次南巡，对稳定江南局势起到了积极的作用，同时最值得称道的是，长期肆虐让人束手无策的黄河水患，在康熙第六次南巡的时候，就已经基本上得到了控制，这大概就是康熙南巡最值得肯定的政绩了。

皇帝出巡，那阵势用千军万马来形容也不为过。为了迎接皇帝的驾临，翻修道路、修建凉亭驿馆，凡此种种，都是劳民伤财的。

曹寅深得康熙宠信，六次南巡，有四次是住在曹寅家，外人看来荣耀无比，但是也因此给曹家造成了经济上的重大亏空。虽然江南织造是个肥缺，但是自曹寅上任以来，亏空高达三百万两的巨额。

当然，这是后话，而在康熙第一次南巡的时候，随行的侍卫中就有刚升为一等侍卫的纳兰性德。

对康熙皇帝来说，下江南是君临天下的气概，是看自己的大好河山。

所以，康熙是志得意满的。

甚至在乘船来到黄天荡，突然遇到狂风大作的时候，其他人惊慌失措，急忙去降下船帆，他却神色如常，下令升帆顺风而行，站立船头，射杀江豚。

当时年轻的康熙皇帝，是颇有着一股睥睨天下的霸气的。

在这次下江南的途中，纳兰性德写了一系列的《忆江南》。

在这组《忆江南》中，纳兰性德把自己一路上的所见所闻悉数写了进去，一时之间，传唱甚广。

但是对纳兰性德来说，平时只能在朋友口中听到的地方风物，想不到今天都真的看到了。

"生小不知江上路，分明却到梁溪。"

梁溪，是无锡西边的一条小河，有时候也作为无锡的代称。而无锡，正是纳兰性德的好友顾贞观与严绳孙的故乡。

纳兰性德行到无锡，看见这位好友的手迹处处皆是，所谓"别后闲情何所寄"，如今身在他乡，却处处都能见到好友曾经留下的足迹与题铭，这让纳兰性德觉得是在用一种奇妙的方式，与好友们一一重逢。

第六章

情殇 一片伤心画不成

"谁念西风独自凉，萧萧黄叶闭疏窗。沉思往事立残阳。

被酒莫惊春睡重，赌书消得泼茶香。当时只道是寻常。"

康熙十六年，卢氏因产后患病，于五月三十离世。

她永远离开了纳兰性德。

第一节　爱妻亡故

那是康熙十六年。

对于纳兰性德来说，这原本该是欢喜的一年。

这一年，父亲明珠从吏部尚书升为武英殿大学士，位极人臣，权倾朝野。

也在这一年，妻子卢氏身怀有孕，算算日子，四月就要临盆了。

这个即将诞生的孩子并不是纳兰性德的长子。之前，妾室颜氏就已经为他生下了一个儿子，取名叫作富格。

作为明珠家孙辈的长子，富格这时还小，只知道自己要做哥哥了，欢喜着，盼着小弟弟早日降生。

不光是小小的富格，府里上上下下所有人都在盼望着这个孩子的出世。

纳兰性德更是分分秒秒都在数着，盼着，期待着孩子的降生。

四月的时候，卢氏顺利地产下了一子，起名海亮。

当府里上上下下的人都还沉浸在新生命诞生的喜悦中时，噩运却悄然地降临到了卢氏与纳兰性德的头上。

一个月后，卢氏因为产后受了风寒，缠绵病榻，终于在五月三十那天永远地闭上了双眼，离开了她刚刚出生的孩子，离开了她深爱的丈夫。

"憔悴去，此恨有谁知。天上人间俱怅望，经声佛火两凄迷。未梦已先疑。"

有时候幸福是那么美好，可美好的幸福总是那么短暂，短暂得几乎是弹指间匆匆而过，刹那间便已暗转了芳华。

执子之手，与子偕老。

他以为自己能够与卢氏一起天长地久，哪知所有的海誓山盟在无情的命运面前，不过都是一句轻飘飘的笑话。

纳兰性德这才惊觉，原来所谓的"与子偕老"，简简单单四个字竟是如此遥远，穷尽一生的时光，却再也无法实现。

辛苦最怜天上月，一昔如环，昔昔长如玦。但似月轮终皎洁，不辞冰雪为卿热。

无奈钟情容易绝，燕子依然，软踏帘钩说。唱罢秋坟愁未歇，

春丛认取双栖蝶。（《蝶恋花》）

当初陪着自己赏月的人，现在又在哪里？

看着天边的明月，纳兰性德这样喃喃自语。

"辛苦最怜天上月"，可怜月亮每一晚都高高地挂在天上，却总是亏多盈少，一个月之中，只有那么一两天的时间才是圆满的，其他的时候夕夕都缺。

如果上苍真的能让月亮每晚都圆满无缺，那么，我们也就能永远幸福地在一起，永不分离了吧！

纳兰性德这样向月亮默默祈祷着。

但是月亮无言，只是静静地看着人世间一切的悲欢离合，把银白色的月光温柔地洒向世间的每一个角落。

却唯独照不到人的内心。

看着天空中的圆月，纳兰性德想着，若是天路能通，自己就能再度与爱人相见了吧！

"不辞冰雪为卿热"，多么美好的故事。

那痴情的男人为了重病的妻子，不惜在寒冬腊月脱光衣服，让风雪冰冷自己的身体再与妻子降温，只是，这般痴情又如何？他心爱的妻子最终还是与世长辞，而这痴情男子最后也病重不起，追随妻子而去。

即使世人都纷纷斥责这个男人沉迷于儿女情长，但纳兰性德却从未觉得。在他的心中，在世人看来"不正常""不理性"的种种举动，是如此正常，可以感同身受。

大概因为他们都是同一类人吧！

所以，才"不辞冰雪为卿热"。

如果上天能让我们再度相聚，如果上天能让我们再度幸福地厮守在一起，那该有多好！

如果说纳兰性德的《侧帽集》，还带着少年郎不知人间疾苦、潇洒不羁的风流，那后来的《饮水词》当真就如标题所言一样，如人饮水，冷暖自知，个中的滋味，只有他自己知道。

经历了丧妻之痛，亲眼见证了生命的诞生，又亲眼见到挚爱的人逝去，此时的纳兰性德早已不是当年意气风发的少年郎，在他的心中，已经不可避免地笼上了一层忧伤的色彩。

卢氏的故去，并未随着岁月的流逝而在纳兰性德的心中逐渐黯淡，反而越来越清晰，最终，化为他笔下一首又一首的悼亡词。

纳兰性德的好友顾贞观曾经这样说过："容若此一种凄婉处，令人不能卒读，人言愁我始欲愁。"

也正好说明了纳兰性德写与亡妻卢氏的悼亡词，哀婉清丽，情真意切，令人看了感同身受，肝肠寸断。

谁念西风独自凉，萧萧黄叶闭疏窗。沉思往事立残阳。

被酒莫惊春睡重，赌书消得泼茶香。当时只道是寻常。（《浣溪沙》）

纳兰性德与卢氏，少年夫妻，恩爱缠绵，但幸福的日子却只不过短短三年。

当幸福远去，以前在一起的点点滴滴，便清清楚楚地涌上心头，来回萦绕，刻骨铭心。

那些平凡幸福的夫妻生活，当时看来，随处可见，随时可见，就像呼吸一般自然，自己也从来不曾去留心过，但为何如今回想起来，却是每一点每一处，甚至对方说过的每一句话，都那么清楚。就像是融入了自己的骨血之中，随着时间的流逝，不但没有逐渐遗忘，反而更加清晰。

卢氏亡故，已经不知过了多久。

对纳兰性德来说，这段时间是多么的度日如年呀！时间似乎已经没有了意义，日出日落，连他自己都数不清楚了，只清楚记得，那一天，当他得知噩耗，失魂落魄地走进房间的时候，她就躺在那儿，面容温柔，仿佛只是睡着了一样，双目却紧紧闭着，再也没有睁开。

她是睡着了吧？如果一直呼唤她的芳名，是不是就能再度醒来，微笑着，和以前一样，在自己的耳边喁喁细语？

但是，她已经走了，永远地离开了自己的孩子，离开了自己心爱的丈夫。

她走得那样仓促，快得让所有的人都反应不过来，快得连话都没留下，更遑论告别。

短短三年的幸福，如今随着她的离去而散成了风中的飘絮，就像那一片片西风中的落叶，带着秋天瑟瑟的寒意，缓缓飘去。

在全府的悲伤中，纳兰性德失魂落魄一般，任由其他人忙碌地操劳丧事，自己只是呆呆地站着，魂魄早已不在此处。

他第一次觉得，面对生死，自己是如此无能为力，当噩运突然来临，他竟毫无招架之力，只能眼睁睁地看着残酷的命运无情地带走自己心爱的妻子。

原来那些曾经让人艳羡的幸福，只不过是为了让他从云霄之上高高地摔下，伤得更痛，伤得更深。

悲伤的并不只纳兰性德一人，对明珠与觉罗氏来说，失去了这么一位近乎完美的儿媳妇，也是无法弥补的遗憾，他们也感慨着，悲伤着，既为了卢氏的年少而亡，也是为了儿子的丧妻之伤，更有着对失去卢氏家族——封疆大吏势力支持的惋惜。

颜氏则一直安安静静的，表达着自己的伤痛。

她并没有趁机妄想去争夺卢氏的位子，而是照顾卢氏刚刚生下的儿子——海亮，尽心尽力地照顾着这个失去母亲的婴儿，这是她表达自己对卢氏的敬意和伤痛的方式。

唯一有权完全浸入悲伤的，只有纳兰性德。

突如其来的噩耗让他至今还无法相信，温柔的妻子已经永远地离开了自己。所以，他几乎是放任自己被悲伤全然地侵蚀。

花草树木，楼台亭阁，甚至池子里的莲花、金鱼，每一处仿佛都还能看到妻子那纤细的身影。

就像从来不曾离去。

每一处妻子曾经待过的地方，空气中似乎还有着她身上那淡淡的、熟悉的香气。

当初两人携手共同走过的走廊，如今看起来，竟那么长。

当初两人共读的书房，如今看起来，竟那么空旷。

以前种种甜蜜的回忆，现在回想起来，竟泛出了苦涩的味道。

在卢氏的丧礼结束之后，府中的其他人就各自回到了自己生活的轨道上。

他们并没有多余的时间来悲伤。

只有纳兰性德。

卢氏的死给了他沉重的一击，在心中留下了永生都无法磨灭的伤痕。

好在这一年的秋冬，康熙皇帝下了命令，让纳兰性德担任乾清门的三等侍卫。

有了公职在身，原本赋闲的纳兰性德也忙碌起来。

这样也好，忙碌着，有着其他的事情分心，至少就不会再时时刻刻地想着卢氏了吧！

纳兰性德这样天真地想着。

可是，思念不是这么轻易就能从脑子里被驱赶出去的。

工作再繁忙，任务再沉重，也总有做完的时候，每当这个时候，对卢氏那刻骨铭心的思念之情就会从每一个角落悄悄地窜出来，在心中萦绕，挥之不去。

在卢氏逝世之后，纳兰性德似乎突然对易学有了浓厚的兴趣，书桌上堆满了古今各大易学家的著作。

他一头扎了进去，如饥似渴地吸收着这全新的知识。

这天并未轮到纳兰性德去乾清宫当值，他从一大早开始就钻进了书房，全神贯注地阅读那些大家的著作，沉浸在自己的世界里，对时光的流逝完全没有察觉。

直到传来轻轻的敲门声，他才发觉太阳已经移到了西边，夕阳西下。

啊，是了，已经这么晚了。

轻轻的敲门声又再度传来，纳兰性德想也不想地就唤着卢氏的名字。

以往，每当自己看书忘了时间，忘了用餐的时候，卢氏总会贴心地替他端来饭菜，温柔地提醒他不要太过废寝忘食，累坏了身体。

所以，当听到门外传来敲门声的时候，他几乎是条件反射地，想也不想就脱口说出卢氏的名字。

那端着饭菜的温柔女子闻声，脸上的笑容微微凝固了一下，旋即带上一丝无可奈何，还有一丝悲伤。

她素来沉静惯了，如今，也只是恭敬地把饭菜放到桌上，然后有些担心地看了看自己的丈夫，才依依不舍地离开。

看着颜氏远去的身影，纳兰性德一时竟说不出话来。

当他面对这位安静的女子，却脱口唤出卢氏的名字的时候，他清楚地看到了，颜氏脸上那一抹无奈的神情。

如果卢氏……如果卢氏还活着的话，那么，刚才送饭菜来的人，便应该是她了吧！

当敲门声响起的那一刹那，纳兰性德几乎有种卢氏还未离去，马上就会推门而入的错觉。

桌上的饭菜渐渐凉了，纳兰性德却依旧毫无食欲。

他只是站在窗前，看着窗外逐渐西沉的夕阳，还有夕阳下，空荡荡的庭院。

"谁念西风独自凉"，这样的七个字突然钻进他的脑子里。

许久之后，纳兰性德轻轻地关上了窗户。

那被瑟瑟的秋风吹落一地的萧萧黄叶在空中飞舞着，缓缓飘落在地，说不出的凄凉。

纳兰性德不忍再看，转过头去。

他无法阻止时光的流逝，更不能阻止秋叶的飘落。

就如他只能看着妻子逝去，无能为力一样……

如果她还在……

如果她还在身边，看到窗外落叶纷纷飘下的情景，会说些什么呢？

她总是微笑着，对所有的人、所有的事都那么温柔……

自己喝醉了，躺在床上沉睡不起，任凭身旁的人儿怎么呼唤，都装睡，在对方无可奈何的时候，才悄悄地睁开眼睛……

浮现在脑海之中的，都是多么美好的回忆啊，两人之间的心灵契合，是如此幸福。

"被酒莫惊春睡重，赌书消得泼茶香。"

这些，不都是当时自己与卢氏曾经做过的事情吗？

李清照《金石录后续》有一则记载：

余性偶强记，每饭罢，坐归来堂烹茶，指堆积书史，言某事在某书某卷第几叶第几行，以中否角胜负，为饮茶先后。中，即举杯大笑，至茶倾覆怀中，反不得饮而起。

当初，自己与卢氏，不就像赵明诚与李清照一般诗情画意、一般恩爱吗？

那些相处的片段，回想起来，分明只是些寻常的琐事而已，寻常的日子，寻常的时光。

本来以为会一直这么寻常下去，哪知道，在一起的日子只不过短短的三年。

当时只道是寻常。

恩爱再笃又如何？却抵不过命运的残酷。

就像赵玥诚与李清照，终究，赵明诚还是先舍李清照而去，而自己，却是被卢氏先遗落在了这人世间。

如果我们能够回到从前，是不是就能再度相见？

心爱的人儿啊，你怎么可以如此狠心，把"我"独自遗落在这苍茫的人世间？在无尽的岁月中独饮回忆酿成的苦酒，永醉于痛苦的哀悼之中，夜夜沉沦。

古往今来，写过悼亡词的人不在少数，但没有人能像纳兰性德这样，十年如一日，无时无刻不在思念着亡妻，把对妻子的思念写进词中。

从卢氏刚刚亡故后的"判把长眠滴醒，和清泪、搅入椒浆"，到跟随康熙皇帝北上南巡之后的"旧欢如在梦魂中，自然肠欲断，何必更秋风"，我们可以看得出来，即使经过了这么多年，纳兰性德对卢氏的思念之情，并未因为时光的流逝而有丝毫的改变，仿佛妻子的离去永远都是昨天的事情一样，伤痛弥久愈新。

说纳兰性德是情种，当真一点儿都不为过。

只是强极则辱，而情深，却是不寿……

第二节　悼亡词

青衫湿遍，凭伊慰我，忍便相忘。半月前头扶病，剪刀声、犹共银釭。忆生来、小胆怯空房。到而今，独伴梨花影，冷冥冥，尽意凄凉。愿指魂兮识路，教寻梦也回廊。

咫尺玉钩斜路，一般消受，蔓草残阳。判把长眠滴醒，和清泪、搅入椒浆。怕幽泉、还为我神伤。道书生薄命宜将息，再休耽、怨粉愁香。料得重圆密誓，难禁寸裂柔肠。（《青衫湿遍》）

在词牌中，并没有《青衫湿遍》这个词牌名，也许这是纳兰性德自创的新名吧，却也是他无数悼亡词中，最早写给亡妻的一首。

这首词作于康熙十六年，大概六月中旬，那时候，卢氏亡故刚刚半个月。

想必这正是纳兰性德最伤心欲绝的时候吧。

思念亡妻，泪如雨下，以至于青衫湿遍，于是才有了这首《青衫湿遍》。

悲伤的眼泪把衣衫都给打湿了，还妄想着能听到你安慰的声音，可是，如今早已成了一场虚幻。

人们说这首词大概是纳兰性德的悼亡词中最早的一首，依据应该就是这句"半月前头扶病"了。

半月前，卢氏产后受寒，病重而亡。

他如何才能控制住自己不去想念亡妻？

他如何才能控制住自己不去寻找亡妻的身影？

真的是很难啊!

夜深了,烛火亮了起来。看着摇曳的烛火,仿佛耳边又响起了烛剪的声音,仿佛还能看到,卢氏一双纤手执着银剪,正小心地剪去灯花,好让烛火更加明亮。

每晚,妻子都会像这样,安静地陪伴着自己看书。如今,书依旧,烛依旧,房依旧,人却不见了影踪。只有窗外凄凄冷冷的梨花影子,说不出的凄凉。

在这首词里,我们见到的是纳兰性德对妻子最深切的怀念,还有无尽的悲伤。

看到烛火,会让他想起亡妻,而其他的事物呢?

纳兰性德的词里很擅长用一些日常所见的事物来表达自己的心情。也许当真是伤心人别有怀抱,在他眼中,剪刀、烛火、梨花、回廊……这些平时再寻常不过之物,如今却是那么凄凉,仿佛都在无言地述说着悲伤之意。所以越发显得他的词清新自然,不事雕饰。

自然,也让我们如今读起来,只觉口齿噙香。

最后再说一下"青衫湿遍"这个词牌名,它应该是纳兰性德自创的,而"青衫湿遍"很明显是出自白居易的《琵琶行》:"座中泣下谁最多,江州司马青衫湿"。

纳兰性德以此句作为新词牌名,个中含义,不言而喻。

他还写过一首词,词牌名与《青衫湿遍》颇为相似,只差了一个字,也是悼亡词。那便是《青衫湿》,全词如下:

近来无限伤心事,谁与话长更?从教分付,绿窗红泪,早雁初莺。

当时领略，而今断送，总负多情。忽疑君到，漆灯风飐，痴数春星。

这是一首小令，一如他平时的风格，清婉凄凉，饱含深情。

最近伤心的事情一件接一件，要向谁述说呢？而最伤心的，莫过于午夜梦回的时候，想起亡妻的音容笑貌，恍如隔世了吧！

丁巳重阳前三日，梦亡妇淡妆素服，执手哽咽，语多不复能记。但临别有云："衔恨愿为天上月，年年犹得向郎圆。"妇素未工诗，不知何以得此也，觉后感赋。

瞬息浮生，薄命如斯，低徊怎忘。记绣榻闲时，并吹红雨；雕阑曲处，同倚斜阳。梦好难留，诗残莫续，赢得更深哭一场。遗容在，只灵飙一转，未许端详。

重寻碧落茫茫。料短发、朝来定有霜。便人间天上，尘缘未断；春花秋叶，触绪还伤。欲结绸缪，翻惊摇落，减尽荀衣昨日香。真无奈！倩声声邻笛，谱出回肠。（《沁园春》）

"上穷碧落下黄泉，两处茫茫皆不见"。

当初在读到白居易的《长恨歌》之时，纳兰性德怎么也不会想到，有一天，自己也恨不得能如此做吧？

恨不得能够"上穷碧落下黄泉"，只要能再度见到心中的那一抹倩影。

那是丁巳年，是卢氏亡故的那一年。

已经快到重阳节了，府中的人为了这个节日都开始忙碌起来。

看着众人准备糕点，做好了过节的准备，纳兰性德却不由想到，若是她还活着，此刻也是和其他人一样，采摘茱萸，做着重阳糕，准备菊花酒吧。

就像去年的重阳节一样。

但是，当今年的重阳节再度来临，那柔美的身影却早已成了永诀。

只有在梦中才能再度相见了吧。

日有所思，夜有所梦，于是，就在重阳节的前夕，纳兰性德终于在梦中见到了自己心爱的妻子。

"丁巳重阳前三日，梦亡妇淡妆素服，执手哽咽，语多不复能记。"

梦中，妻子一身素服，雪白的衣裳，依旧是那么清丽，依旧是那么温雅柔美，与记忆里相比，丝毫没有改变，只是，以前总是带着温柔笑容的她，如今却是愁容满面，双目含泪。

即使是在梦中，再见到心爱的妻子，早已是惊喜交加，喜极而泣。

眼泪模糊了双眼，周围的一切都看不清楚了，只有妻子的身影还是那么清晰。

执手相看泪眼，竟无语凝噎。

千言万语，说了些什么，后来回想起来，竟是一句都不记得了，眼中只有妻子含泪的双眼，还有依依不舍的悲伤表情。

不……还记得一句……

当时只道是寻常：纳兰性德词传

那是在临别之时，妻子说的最后一句话。

"衔恨愿为天上月，年年犹得向郎圆。"

"我"是那么地舍不得你，如果能变成天上的月亮，那么定会每一年都陪伴着你，月长圆。

妻子虽然知书达理，却从来不擅长作诗的啊，为什么会向自己说出这样的两句诗来呢？

梦总是会醒的。

纳兰性德醒来之后，回想起梦中所遇，悲伤不已，当下披衣起床，就写下了这首《沁园春》。

"瞬息浮生，薄命如斯，低徊怎忘。"

第一句，就写出了自己满腔的惋惜之情。

浮生如此，卿却如此薄命，那些欢乐的日子还未在岁月里沉淀，就已经变成了过去的回忆，点点滴滴在心里，如何能忘得了？

那是多么欢乐的记忆啊！

闲暇的时候，双双躺在绣榻之上，看那窗外桃花乱落如红雨。

日落的时候，便倚在长廊边，看着夕阳渐渐沉向西边。

如今回想起来，那些快乐的回忆，竟像是一场梦一样，偏生又美好得仿若诗篇。

如果是梦，为什么好梦总难圆？

如果是诗，为什么却是诗残难续？

如今却只能痛哭一场，无能为力。

即使在梦中再见了爱人的容颜，却是像快捷的风一样转瞬即逝，还未来得及细细端详，述说自己的相思之情，爱人的身影便已经飘然远去。

梦醒之后，眼前只有空荡荡的房间，哪里还有妻子的身影？

那熟悉的音容俱逝，天地茫茫，"上穷碧落下黄泉"，却依旧是两处茫茫皆不见，无处可寻，无处可找，不胜凄凉。

曾为纳兰性德之师的徐乾学，后来评价纳兰性德的词，是"清新秀隽，自然超逸"。而纳兰之词，胜在"自然"二字，在他的悼亡词中，更是仿若自肺腑流出一般，情真意切。

如果不是这一片真挚的感情，如今我们在读纳兰词的时候，还会为之感动、为之潸然泪下吗？

泪咽更无声，止向从前悔薄情。凭仗丹青重省识，盈盈。一片伤心画不成。

别语忒分明，午夜鹣鹣梦早醒。卿自早醒侬自梦，更更。泣尽风檐夜雨铃。（《南乡子·为亡妇题照》）

文武双全，用来形容纳兰性德，自是一点儿也不夸张，而除了擅长写词之外，其实他的画技也是十分不俗。

纳兰性德曾经专门请过师傅来教授他绘画，在他的好友之中，严绳孙以擅长绘画出名，被人以倪瓒称之。严绳孙的山水画深得董其昌恬静之意，他又十分擅长画人物、楼阁、花鸟，尤其擅长画凤凰，翔舞竦峙，五色射目。有这样一位绘画大师在自己的身边，纳兰性德的画技也是相当不错的。

因为英年早逝，纳兰性德并未在画坛上留下盛名，但其画技用来描绘亡妻的容貌，却是已足够。

也许是在某一天的夜里，纳兰性德突然想起来那个名唤"真真"的女孩子的故事。

记不清是什么时候了，他与妻子共读唐人杜荀鹤的《松窗杂记》，看到了这个关于一幅画的故事。

唐代的时候，一个名叫赵颜的人请了位著名的画家为他绘制屏风，屏风上画着一位非常美丽的侍女，赵颜便感慨道："如果她是活的便好了，我定要娶她为妻。"画师听了，边说："这有何难？此女名唤真真，只要你呼其名昼夜不歇，她便会答应，后以百家彩灰酒喂她喝下，便能活。"

赵颜当真照画师的话做了，昼夜不停，一直呼唤着真真的名字，在第一百天的时候，屏风上那美丽的女子竟然当真开口说话了："我在此。"赵颜大喜，当下就按照画师所教，用百家彩灰酒喂她喝下，那女子翩然而下，活生生地站在赵颜的面前。年底的时候，赵颜与真真有了一个孩子，两人十分恩爱。然而，正如一切的志怪小说中必然会有的情节一样，两年后，一位友人对赵颜说："此女必妖，当除之。"并且给了赵颜一把宝剑。赵颜也开始怀疑起自己的妻子来。疑心才动，真真就已经知道了，哭泣着对丈夫说道："君百日呼妾名，为使你达成心愿，我才走下屏风，如今生疑，我不可能再与你在一起了。"说完，便抱着孩子，一步一步慢慢地后退，就像来时一样，回到了画中，再度成为画上不会动也不会说话，更不会哭不会笑的人物形象。和以前唯一不同的是，画上多了一个孩子，那正是赵颜与真真所生的孩子。此时，赵颜才后悔不迭，再度呼唤真真的名字，却再也无法得到画中人的回应，徒留惆怅与枉然，还有后悔与伤心。

纳兰性德记得清清楚楚，自己与卢氏讲述这个故事的时候，妻子是如何惊叹故事的神奇，又是如何惋惜结局的惆怅。可如今，故事仿佛还在耳边，那听故事的人去了哪里？

也许是受到这个故事的启发，纳兰性德画了一幅亡妻的画像，并在一旁题上了这首《南乡子》。

如果自己对着这幅画像，也像赵颜那样，昼夜不停呼唤着卢氏的名字，一直呼唤一百天，是不是卢氏就能像故事里的真真那样，也从画中走下来，与自己再度相聚？

很难说，纳兰性德没有这样试过。

他是那么的孩子气，带着未曾变过的纯真，在这个充满荆棘的世界中艰难地跋涉前行，被残酷的命运一次又一次地伤害。他无力去改变这个世界，只能无奈地承受。

昔日唐朝诗人高蟾曾经这样写过，"世间无限丹青手，一片伤心画不成"。

如今，自己虽然描绘出了亡妻的笑貌，可其中的伤心无奈，又如何才能画出来呢？

就像后来他又写的另外一首《虞美人》。

春情只到梨花薄，片片催零落。夕阳何事近黄昏，不道人间犹有未招魂。

银笺别记当时句，密绾同心苣。为伊判作梦中人，长向画图清夜唤真真。

如果"我"也像赵颜一样，日日夜夜都呼唤你的名字，是不是在午夜梦回的时候，你就会再度出现在"我"的面前？

然后，白头偕老。

第三节　着意佛法

抛却无端恨转长。慈云稽首返生香。妙莲花说试推详。

但是有情皆满愿，更从何处著思量。篆烟残烛并回肠。（《浣溪沙》）

纳兰性德开始对佛法感兴趣，是他在双林禅院居住的那段日子里。他博览院中所藏的佛学典籍，以慰亡妻之痛，从而开始渐渐地进入了佛法的世界。

当人在遭遇不幸时，通常会把自己的目光转向探求生命奥义的宗教世界。

不能说当时纳兰性德就是绝望的，但卢氏的死确确实实给了几乎没怎么经历过挫折的纳兰性德沉重一击，让他彻底地明白，命运才是永远不可抗拒的，在这样的情况下，他开始逐渐地进入了佛法的世界。

纳兰性德为妻子卢氏守灵的双林禅院，就在现在的北京阜成门外的二里沟。当年幽静清雅的禅院，如今变成繁华的街道，车如流水马如龙，哪里还找得到当年那清雅佛地的半点儿踪影？

当年，灵柩被送到了这里，在那段时间，纳兰性德都是滞留在这座清雅的禅院之中的。

暮鼓晨钟为伴。

眼前所见，是佛前的香火灯烛；耳中所闻，是佛经梵音，在这样的氛围之中，纳兰性德开始有意识地看起佛经来。

"佛说楞伽好，年来自署名。几曾忘宿慧，早已悟他生。"

在他的《渌水亭杂识》中，有很多关于他对佛法的见解和看法，可以看得出来，纳兰性德读过不少的佛法书籍，也可见他对佛法的重视。

佛教在汉代的时候传入中国，与中华文化相互结合之后，便成了中国传统文化的一个重要组成部分，带上了中国文化特有的性质。

纳兰性德在《渌水亭杂识》中这样写道：

儒道在汉为谶纬所杂，在宋为二氏所杂。杂谶纬者粗而易破，杂二氏者细而难知。苟不深穷二氏之说，则昔人所杂者，必受其瞒，开口被笑。

意思是说，儒学在汉代的时候混入了谶纬之学，在宋代的时候混入了佛学。混入谶纬之学，粗陋而容易被看破，混入佛学则会太过精细而难以理解。如果不深入了解与研究佛学，则无法理解其中的精妙之处，开口讨论，会被嘲笑。

纳兰性德是主张"深穷二氏之说"，同时也指出："三教中皆有义理，皆有实用，皆有人物""大抵一家人相聚，只说得一家话，自许英杰，不自知孤陋也。读书贵多贵细，学问贵广贵实。"

显然，这里所指的"书"，乃是指佛学之书，而所说的"学问"，自然也指的是佛教的学问。纳兰性德认为，读书不应该局限于一种学问，要想真正学到知识，应该把其他领域的著作认真地阅读，儒家、道家、佛家，都应该了解，学习别家的学问。

在佛家的著作之中，纳兰性德最常读的，或者说最喜欢的，便是《楞伽经》。这在他的《渌水亭杂识》中，也有着不少的记载。

楞伽翻译在武后时，千年以来，皆被台家拉去作一心三观。万历中年，僧交光始发明根性宗趣，暗室一灯矣。

"台家"指的是中国佛教的天台宗，而"一心三观"则是指的天台宗的基本教义："事物依缘而生，故为假有；虚假不实，故为真空；空、有不离，非空非有，即为中道。须于心中同时观悟此三者"。纳兰性德这句话的意思是说，《楞伽经》被天台宗拿去作为一心三观的理论依据。由此可见，纳兰性德对于佛学书籍涉猎甚广，才会有此感慨。

而在《渌水亭杂识》的卷四中又写道："什师《维摩经》注有云：天人以山中灵药置大海中，波涛日夜冲激，遂成仙药。"

这里涉及一个小小的传说，说天上的仙人把灵药放在大海之中，让浪涛日夜冲刷，便会成为灵验的仙药。

这倒是让人不禁想起关于"返生香"的传说来。

"返生香"又叫"还魂香"，在东方朔的《海内十洲记》中有记载，传说聚窟洲上有神鸟山，山上长有返魂树，这种树的树根、树心能够制成返生香，让已经死去的死者重新复活，再也不会死去。

纳兰性德在《渌水亭杂识》中记载了这个故事，未必没有回想起汉武帝见李夫人亡魂的典故来。

据说汉武帝的宠妃李夫人死去之后，汉武帝日夜思念，于是唤来方士招魂，唤出了李夫人的魂魄相会，传说那方士正是用返魂香从冥界地府唤回来李夫人的灵魂。

而纳兰性德在痛失爱妻之后，是不是也曾像当年的汉武帝一样，动过把爱人的魂魄从冥府召唤回来的念头呢？

"抛却无端恨转长。慈云稽首返生香。"

他是不是也曾在菩萨的面前，苦苦地祈求过佛祖赐予自己那传说中的"返生香"，让自己能够再见卢氏一面？

"有情皆满愿"，但是这终究是他一厢情愿的美好心愿罢了。

第四节　对爱妻的怀念

十月初四夜风雨，其明日是亡妇生辰

尘满疏帘素带飘，真成暗度可怜宵。几回偷湿青衫泪，忽傍犀奁见翠翘。

惟有恨，转无聊。五更依旧落花朝。衰杨叶尽丝难尽，冷雨凄风打画桥。（《鹧鸪天》）

悼亡词，古往今来很多词人都写过，其中不乏知名的词作大家，但是论数量，纳兰性德绝对是名列前茅。

在他的词集中，悼亡词的数量甚是可观，而且时间跨度很大。从康熙十六年卢氏亡故，一直到康熙二十四年纳兰性德病逝，一共八年的时间，悼亡词洋洋洒洒几十首。

丧妻的伤痛，成为纳兰性德心中一道永远无法愈合的伤口，直到他逝世。

伤心人别有怀抱，用来形容如今的纳兰性德再贴切不过。

本来寻常的事物，在现在的纳兰性德眼中看去，却都透着悲伤的意味，带着凄凉。

卢氏亡故之后，她以前喜欢待的房间，就成了纳兰性德不愿涉足的禁区。

只怕触物伤情。

这天夜里，纳兰性德本该回到自己的房间，竟来到这个房间的门前。

房门紧闭着，并未上锁，轻轻一推，便吱呀一声缓缓打开了。

纳兰性德缓步走了进去。

这是一间小巧且精致的房间，透过窗户能看到花园，把院子里的美景尽收眼底。

以前，卢氏最喜欢在这房间内待着，看看书，做做针线活，消磨时光，如今，屋内一切布置都还和当初一模一样，却已物是人非。

屋内昏暗，并未点灯，纳兰性德点燃了桌上的半支蜡烛，举着烛台，缓缓地打量着这间屋子。

低垂的幕帘上落满了灰尘，被风轻轻吹起，灰尘便缓缓地飘了起来。

那层层的纱幕飘动，仿佛卢氏的倩影就在纱帘之后，还等待着丈夫的到来。

纳兰性德定睛看去，空荡的房间，哪有爱妻的身影？

想到昔日的恩爱，心中甚痛。

一回头，见到那精巧的镜台上，犀牛角做成的镜匣中，卢氏的翠翘簪子还安静地在那儿，就像是在等待着主人再一次把它插在乌黑的秀发之上。

窗外，隐隐传来打更的梆子声。

原来已经这么晚了。

纳兰性德缓步走到窗前，低头看去，不知什么时候，夜空中又无声地洒下了细雨，有些雨滴被风吹进屋内，窗前的书案打湿了一片。

今夜，正是十月初四吧？

明天……明天就是卢氏的生日了，如果她还在……

如果她还活着的话，明天，将会是个多么欢乐的日子啊！

但是，如今一切都成了空。

只有这凄风冷雨，陪着自己度过一个又一个寂寞的夜。

此恨何时已。滴空阶、寒更雨歇，葬花天气。三载悠悠魂梦杳，是梦久应醒矣。料也觉、人间无味。不及夜台尘土隔，冷清清、一片埋愁地。钗钿约，竟抛弃。

重泉若有双鱼寄。好知他、年来苦乐，与谁相倚。我自中宵成转侧，忍听湘弦重理。待结个、他生知己。还怕两人俱薄命，再缘悭、剩月零风里。清泪尽，纸灰起。（《金缕曲·亡妇忌日有感》）

这首《金缕曲》，有个副标题叫作"亡妇忌日有感"。

六个字，明显地点出了这首词的主题。

康熙十七年的五月三十。

对其他人来说，这一天，不过是普普通通的一天，和昨天、前天，没有什么不同。

可是对纳兰性德来说，这一天，去年的这一天，却是一个噩梦般的日子。

那时，当下人惊慌失措地来报知噩耗时，纳兰性德简直不敢相信自己的耳朵，急忙赶去，映入眼帘的，除了周围人惊慌与悲伤的表情之外，便是静静躺在床榻之上，面色苍白、毫无血色的妻子卢氏。

她已经虚弱得说不出话来。

纳兰性德握住了她的双手，那纤巧的手掌曾经那么温暖，如今竟变得如此冰冷，冷得就像寒冬的雪一般。

见到丈夫，卢氏张了张口，却发不出声音来。

她连说话的力气都没有了，连张开嘴巴都像是用尽了浑身的力气，素来温柔的双眼如今却满是恋恋不舍，还有不甘心，看看一旁颜氏怀中刚刚出生的海亮，她的目光便落到纳兰性德脸上。

四目相对，千言万语，不须再说出口。

她是多么舍不得自己刚刚出生的孩子，是多么舍不得自己心爱的丈夫，还有那些温柔的家人，可是老天已经不再给她继续下去的机会，要残酷地夺去她孱弱的生命，从此与自己心爱的人永隔幽冥。

这个时候，卢氏的心中肯定满是不甘与愤恨。

她才刚刚产下爱人的孩子，她还未来得及抚养孩子长大。她甚至还未来得及与丈夫说上最后一句话，就永远地闭上了双眼，带着满腹的遗憾，撒手而去。

她已经听不到四周传来的哭声了。

更感觉不到丈夫的眼泪一滴滴地落在她的脸颊上，滚烫得仿佛要把肌肤灼伤。

男儿有泪不轻弹，只因未到伤心处。

可如今，心爱的人就在自己眼前逝去，此情此景，若不算伤心处，还有什么才算呢？

紧紧握着卢氏软绵绵的手，纳兰性德哭得好似一个泪人。

就在这一刻，他突然发觉了自己有多么无能为力。

不管是豪门公子，还是平民百姓，在死神的面前一样平等，谁也无法挽回那已经逝去的生命。

也是在这一刻，他突然发觉，原来痛彻心扉，竟是如此钻心刺骨。

如今，又是一年。

又到了那个噩梦般的日子。

这一天，正是卢氏的忌日。

老天爷好像也在惋惜卢氏的年少过世，从一大早开始，天空中就淅淅沥沥地飘下了小雨。

卢氏的灵柩才从双林禅院葬到祖坟不久，坟土还是新的，再加上有看管人的细心打扫，颇为整洁。

这也好，卢氏向来爱洁，不是吗？

寻常人家扫墓，备下的无非是些供果酒水之类。

但纳兰性德不一样，他给卢氏准备的并非寻常可见的时鲜水果、蜜酒之类，而是自己在这一年之中所写的悼亡词。

那是给卢氏的，独一无二的祭礼。

他一张一张，缓缓地烧给卢氏，纸灰被冷风吹得飞扬起来，打着旋儿，然后就缓缓飘散了。

看着飘远的纸灰，纳兰性德不禁这样告诉自己。

亡妻定是收到自己的心意了吧！

她……一个人在底下，可寂寞？可清冷？

海亮长得很好，健健康康，颜氏待他犹如自己亲生一般，照顾得无微不至。富格也俨然有了哥哥的感觉，很疼爱这个弟弟。你该放心了吧！

生与死的界限，往往只有那么一小步，代表的却是永无止境的距离，咫尺天涯。

第五节　续弦

一种蛾眉，下弦不似初弦好。庾郎未老，何事伤心早？

素壁斜辉，竹影横窗扫。空房悄，乌啼欲晓，又下西楼了。（《点绛唇》）

康熙十九年，纳兰性德二十五岁。

他是明珠的长子，叶赫那拉家族的继承人，传宗接代是他必须承担的责任，父母一再提议他续弦，纳兰性德推辞了三年，如今已经再没了推脱的借口。

在家人的操办下，纳兰性德续娶了官氏。

如果说卢氏是出身"名门"，那么官氏便是出身"豪门"。官氏是图赖的孙女，是满族八大贵族之一的瓜尔佳氏的后人。

图赖是清初名将，击败过李自成麾下大将刘宗敏，在扬州斩杀了史可法，擒了福王朱由崧。官氏的父亲费英东也是清朝的开国元勋，努尔哈赤最为倚重的五位大臣之一。

出生在这样可以说是"世代簪缨"的大贵族家里，官氏是真真正正的豪门之女，尊贵显赫，与纳兰性德称得上门当户对。

她嫁进了这座当朝最显赫的权臣府邸，嫁给了如今最知名的才子，在世人的眼中，本来就身为天之骄女的她，如今更是幸运得连老天爷都忍不住嫉妒她。

但是，集全天下幸运于一身的官氏在大婚之后却茫然了。

自己新婚丈夫的心思，始终停留在那早已逝去的卢氏身上……

官氏出身贵族豪门，想必也是受过良好教养的女孩儿，但毕竟是将门虎女，只怕还有着几分的霸气。总而言之，我们可以猜想得出来，她与卢氏应该是截然不同的两种类型，并不像卢氏那样温柔贤惠。

很难说这样的女子，纳兰性德究竟有没有喜欢过她。

不过我们可以确定的是，纳兰性德与官氏之间，没有他与卢氏之间的那种刻骨铭心的爱情。

甚至很有可能，两人之间的夫妻关系，并不十分融洽。

纳兰性德写过一首《点绛唇》，其中有这么两句："一种蛾眉，下弦不似初弦好。"

在古代的时候，人们都以"续弦"来指代续娶，纳兰性德这首词中的"下弦"与"初弦"两个词，也颇有些意味深长的意思。

在他的这首词里面，"下弦"是不是指官氏呢？而"初弦"，想来就是指已故的前妻卢氏了吧！

在写这首词的时候，他与官氏已经成亲很久了，相互之间有了一定的了解，大概越是相熟，就越是觉得官氏其实并不是自己喜欢的类型……

官氏也并非泼妇，更不是妒妇，事实上，她和其他的女子一样，善良、顺从，一旦嫁了人，就全心全意地对待自己的丈夫。

官氏万万没有想到的是，丈夫的爱情没有留给她一分。

官氏不是没有努力过。

她也学着像卢氏那样，为丈夫收拾书房，整理书案；在丈夫读书到深夜的时候，体贴地为他送上羹汤，并且对富格、海亮两个孩子，如自己亲生孩子般悉心照料，对妾室颜氏也从无半分不耐，和气相处。

官氏做到了一个妻子应该做到的一切。

她是那么努力，她想要得到丈夫的爱情，可是，这世间并不是所有的事情，都能够等价交换，付出多少，就能得到多少回报的。

爱情从来不是。

你爱他爱到生死相许，他未必会对你付出真心。而你不爱的人，却恰恰爱你爱到刻骨铭心。

官氏对纳兰性德，纳兰性德对官氏，何尝不是如此？

纳兰性德本是情种，并非情圣。

这也是纳兰性德一直觉得对不起颜氏和官氏的地方。

但是，爱情不是道歉，不是心怀歉意就能拥有。

所以，当初他对卢氏说过多少句"我爱你"，如今便对官氏与颜氏说了多少句"对不起"。

爱情的天平从来不是公正的，我不爱你，并不是因为你比不过对方，而是那千万年之中，没有早一秒，也没有晚一秒，正好与自己四目相对的，是她而已。

其他人，终究错身而过。

官氏出身尊贵，并非颜氏、沈宛所能比的，但是在明珠家族的祖坟中，却并没有官氏的坟墓碑文，颇为蹊跷。如果说颜氏因为是妾室，身份不足以葬入祖坟，但官氏乃是正室，若说没有资格，也不太可能。根据记载，当时见过皂甲屯墓园的人，见院子里有九座坟墓，分别是明珠夫妇、纳兰性德与卢氏夫妇，还有明珠次子揆叙夫妇、三子揆方夫妇及其子永寿，并没有官氏的坟墓，颇令人不解。而且在徐乾学写的《成德墓志铭》的石碑上，刻着的"继室官氏，光禄大夫少保一等公朴尔普女"，上面的"朴尔普"三个字被人凿了去，模糊不清。有人考据说可能是因为官氏的家人或者她的父亲犯了罪，所以"因罪讳名"，但是根据史书记载，朴尔普并没有获罪，而且到康熙五十年之后才去世，所以官氏的名字被从墓碑上凿去，并不是因为获罪，倒很有可能是官氏后来已经不属于明珠家的成员。既然已经不再是明珠家的人，那么自

当时只道是寻常：纳兰性德词传

然不能葬入明珠家祖坟。颜氏在纳兰性德死后，就一直抚养孩子长大，终身不嫁，而官氏很有可能因为并没有子女的关系，改嫁了别人，既然改嫁，自然不再算是纳兰性德的夫人，皂甲屯祖坟中没有她的名字与坟墓，也是在情理之中了。

　　谁翻乐府凄凉曲？风也萧萧，雨也萧萧。瘦尽灯花又一宵。
　　不知何事萦怀抱，醒也无聊，醉也无聊。梦也何曾到谢桥。
（《采桑子》）

　　情之一字，似乎是纳兰性德词作中一个永恒不变的主题。

　　也是他短暂的三十年生命之中，永恒的、重要的一部分。

　　人间自是有情痴。他似乎是为情而生，又终究为情而伤的。

　　谁能说他不多情呢？

　　但是，在他短暂的人生中，最单纯的初恋给了已经身在皇宫之中的表妹，最真挚最热烈的爱情给了生死相隔的亡妻卢氏。他无法再给予官氏、颜氏，甚至还有后来的沈宛，那些女子最想要的东西——爱情。纳兰性德已经无法再给予，再付出。

　　纳兰性德似乎对《采桑子》这个词牌名有着偏爱，填过不少。

　　就像这一首不知什么时候写下来的词，同样用了这个词牌名。

　　这首词乍看之下，也颇有点儿像悼亡词，但是细看之下，却更像是在某一个夜晚，听着窗外不知哪里传来的乐声，纳兰性德心有所感而随手写下了这阕小令。

　　"谁翻乐府凄凉曲"，夜色中，是哪里传来的乐声呢？听起来是如此凄凉，叫人不忍卒听，风声萧萧，雨声滴滴，凄风冷雨，如今又是这样过了一个夜晚，冷冷清清。

不知什么事情总是在困扰着自己，却怎么也想不明白，于是这日子就越发了无生趣，醒着的时候那么无聊，借酒浇愁，喝醉了为何还是那么无聊呢？

如果躺下来，在梦里是不是就能见到自己心爱的姑娘了？

古时候，称呼所爱的女子为"谢娘"，因而称其居所为"谢家""谢家庭院"或者"谢桥"。在这里，听着窗外那隐隐约约的凄凉乐声，纳兰性德此刻心里浮现的，究竟会是谁的身影呢？

在这首词里面，纳兰性德似乎想要表达的是一种矛盾的心情，一种说不清、道不明的情愫。

他哪里察觉不到官氏的心情、颜氏的心情，还有沈宛的心意？

但是自己的激情与爱情，早已随着卢氏的亡故而逝去了，如今的自己就像一潭死水，再也泛不起波澜。也许正因为此，在不知不觉中，他冷落了她们，冷落了原本不该被自己冷落的人……

所以，这首词难得地流露出一些自嘲来，还有自责。

自责着，自己如今的无情。

自嘲的，也是自己当初的多情。

人到情多情转薄，而今真个悔多情。

阑珊玉佩罢霓裳，相对绾红妆。藕丝风送凌波去，又低头、软语商量。一种情深，十分心苦，脉脉背斜阳。

色香空尽转生香，明月小银塘。桃根桃叶终相守，伴殷勤、双宿鸳鸯。菰米漂残，沉云乍黑，同梦寄潇湘。（《一丛花·咏

并蒂莲》)

在纳兰性德的诗词之中，描写花卉的句子实在不少，例如这首描写并蒂莲的《一丛花》。

并蒂莲，顾名思义，一枝上开出两朵莲花来，很少见，历来都被人看作是吉祥的征兆，更被拿来当成夫妻之间的幸福与爱情圆满的象征。

这首词生动地刻画出了并蒂莲的形状与色泽，而且并蒂莲代表着不离不弃，仿佛相互深爱着的恋人一般，心意相通。

"一种情深，十分心苦"，在纳兰性德的笔下，并蒂莲不仅仅是美丽的，还具有吉祥的象征含义，更是他心目中完美爱情的化身。

如果有完美爱情的话，那就应该像这株并蒂莲一样吧，盘绕连接，相依相偎，不离不弃。

"但愿人长久，千里共婵娟"。

如今回想起来，简简单单的两句话，却已变成了心中不可触及的伤口。

这首词并未表明是悼亡词，但是我们在读纳兰词的时候，总会不知不觉把它归入悼亡词之中，大概是因为其中那九转柔肠，那字里行间的凄然与悲伤，与其他悼亡词是一模一样的吧！

不知官氏看到这首词的时候，心中是怎么想的，但是，她肯定知道，很久以前，自己的丈夫还写过一首咏并蒂莲的七绝诗：

水榭同携唤莫愁，一天凉雨晚来收。

戏将莲荡抛池里，种出花枝是并头。

那七绝诗中提到的人，在纳兰性德身边的那位，并不是自己，而是卢氏。

也许是两人在开玩笑的时候，说过要在这池子里抛下莲花的种子，说不定会长出并蒂莲。

纳兰性德在花开之际再填词写并蒂莲，是想告诉卢氏，当初我们种下去的莲花，现在已经真的开出了并蒂莲，但是芳魂渺渺，与自己携手赏花之人，如今却已离去。

物是人非事事休，同样是并蒂莲，在纳兰性德的心中，早已是："一种情深，十分心苦，脉脉背斜阳。"

第七章

离世 纳兰心事谁人知

"家家争唱纳兰词，纳兰心事几曾知？
斑丝廓落谁同在？岑寂名场尔许时。"

康熙二十四年，乙丑。

五月三十，纳兰性德因七日不汗病故，
是年三十岁。

康熙二十四年。

这一年，纳兰性德三十岁。

正是而立之年的时候，纳兰性德已经从最初的三等侍卫升到了一等侍卫。

这一年，沈宛离开了；四月的时候，严绳孙也离开京城。

严绳孙请了假，说要南归省亲，其实就是弃官不做，回家乡专心作画了。纳兰性德知道好友去意已决，也并未执意挽留。

当时他们都还认为，即使分别，也总还有再见的一天。

那时所有人都没有想到，纳兰性德的人生竟会永远地定格在这一年的五月三十，他亡妻卢氏逝去的那一天。

巧合吗？

也许吧。

很多时候，我们肆无忌惮地挥霍着时间，以为还有机会，哪知却容不得我们再次回头。

第一节　与梁佩兰合作词选

仆少知操觚即爱《花间》致语，以其言情入微，且音调铿锵、自然协律。唐诗非不整齐工丽，然置之红牙银拨间，未免病其版折矣。（《与梁药亭书》）

这一年的春天，梁佩兰从广东南海来到了京城。

起因，是因为接到了纳兰性德的一封信，而那封信，便是中国文学史上很重要的《与梁药亭书》。

梁佩兰是广东的宿儒，字芝五，号药亭，著名的诗人，也擅长书画，当时王士祯、朱彝尊等人对他都十分推崇。

大概也因为此，所以纳兰性德才专门修书给他，邀请梁佩兰北上京城，帮助自己完成心愿。

那便是编撰一部自己最满意的词选集。

这封信，就如纳兰性德的其他作品一样，清新自然，情真意切：

仆少知操觚即爱《花间》致语，以其言情入微，且音调铿锵、自然协律。唐诗非不整齐工丽，然置之红牙银拨间，未免病其版折矣。

从来苦无善选，惟《花间》与《中兴绝妙词》差能蕴藉。自《草堂词统》诸选出，为世脍炙，然陈陈相因，不意铜仙金掌中竟有尘羹涂饭，而俗人动以当行本色诩之，能不齿冷哉。

近得朱锡鬯《词综》一选，可称善本。闻锡鬯所收词集凡百六十余种，网罗之博、鉴别之精，真不易及。然愚意以为，吾人选书不必务博，专取精诣杰出之彦，尽其所长，使其精神风致涌现于楮墨之间。每选一家，虽多取至十至百无厌，其余诸家，不妨竟以黄茅白苇槩从芰荷青琐绿疏间，粉黛三千然得飞燕玉环，其余颜色如土矣。

天下惟物之尤者，断不可放过耳。江瑶柱入口而复咀嚼，鲍鱼马肝有何味哉。仆意欲有选如北宋之周清真、苏子瞻、晏叔原、张子野、柳耆卿、秦少游、贺方回，南宋之姜尧章、辛幼安、史邦卿、高宾王、程钜夫、陆务观、吴君持、王圣与、张叔夏诸人多取其词，汇为一集，余则取其词之至妙者附之，不必人人有见也。

不知足下乐与我同事否？有暇及此否？处雀喧鸠闹之场而肯为此冷澹生活，亦韵事也。望之。望之。

在信中，纳兰性德这样说道："我很喜欢《花间词》，因为那些词言情入微、音律铿锵自然。唐诗也不错，但是和《花间词》相比就显得有些刻板了。

"我一直苦恼没有一部好的词选，算下来也只有《花间词》与《中兴绝妙词》要好一些。但是在经过《草堂词选》的各种选本刻印之后，虽然也算是脍炙人口，却还不够精练，而显得良莠不齐。以至于后来的一些人因为它的影响，而把一些庸俗的作品也当成了好词，未免令人齿寒。

"最近朱彝尊编成了一本《词综》，的确算得上是善本，很不错。我听说他在编写的时候阅读收集了一百六十多种词集，由此可见，朱彝尊的鉴赏能力是很强的。不过我认为，编选词集不一定非得在意数量的多少，只要能选出佳作，数量并不是主要的。所以，只要词作写得好，一位词人也不妨多选上几篇，如果作品不好，那又何必选进去呢？

"当然，那些天底下最美的东西是万万不能放过的。我打算多选北宋的周清真、苏子瞻、晏叔原、张子野、柳耆卿、秦少游、贺方回，南宋的姜尧章、辛幼安、史邦卿、高宾王、程钜夫、陆务观、吴君持、王圣与、张叔夏等的作品。对其他的词人，则只选录他们绝妙的作品就好。

"不知梁先生是否愿意与我一同完成这件事？是不是有这个时间来完成？身处这样浮躁的世界，默默地选编古人的诗词佳作，虽然冷淡了一些，但也算得上是一件雅致的韵事了吧！"

在纳兰性德的眼中，世间并无一本真正合格的词集。世人大多数都缺乏鉴别能力与审美能力，把一些庸俗的作品当成了佳作。

正因为此，纳兰性德动了想要选编一本自己满意的词集的念头来。

从这封信里，我们也可以看出纳兰性德这位天才词人对词的态度。只从作品的优劣好坏出发，着眼作品的质量，而不是去看作者的名气等其他因素。

纳兰性德同时也在信里写道，"仆少知操觚即爱《花间》致语"，他是比较偏好《花间词》的，而且从他的《侧帽集》《饮水词》中也可以看得出来，他那些悼亡之词婉约清丽，颇得《花间词》的精髓，明显是受其影响。

收到了信，梁佩兰果然来到了京城，与纳兰性德见了面，相谈甚欢。

但是谁也没有想到，他们还没来得及开始他们的事业，几个月后，纳兰性德就因病而死，一番理想终究成了镜中花、水中月。

第二节　最后的诗作

阶前双夜合，枝叶敷华荣。

疏密共晴雨，卷舒因晦明。

影随筠箔乱，香杂水沉生。

对此能销忿，旋移近小楹。（《夜合花》）

康熙二十四年，接到纳兰性德书信的梁佩兰千里入京。

对于梁佩兰的到来，纳兰性德是十分惊喜的，五月二十二，他在渌水亭设宴，邀请的宾客仍是平日的好友梁佩兰、顾贞观、朱彝尊、姜宸英、吴雯等人。

这个时候，已经没有了吴兆骞与严绳孙。

对吴兆骞的逝世、严绳孙的辞官归去，纳兰性德心中一直是十分怅然的。

如今，因为梁佩兰的到来，纳兰性德暂时一扫心中的怅然，在自家的渌水亭与好友们再度聚会。

　　和以前相比，渌水亭畔多了两株小小的花树，那是夜合花，纳兰性德记不得是自己什么时候种下的了，不过如今倒是颤巍巍地生长了起来。

　　夜合花又叫合欢花，在盛夏的时候会开花，花朵是粉红色的，叶子一到晚上就会一对一对地合起来，所以叫作"夜合花"。如今正是花期，众人便以《夜合花》为题，各自赋诗。

　　纳兰性德也不例外。

　　他的作品是一首典型的命题诗，还是一如既往地带着纳兰性德内心的忧虑，萦绕不去。

　　台阶前长出了两株夜合花树，枝头枝繁叶茂，疏密有致。因为昼夜的变化，花朵开合不同，那摇曳的树影倒映在了竹帘之上，芬芳的香气飘了过来，但并不是单纯的花香，中间还混合了沉水香的味道。看着这两株夜合花，心中的怨怼似乎也烟消云散了。

　　不过当时谁也没有想到，这首《夜合花》竟成了纳兰性德的绝笔！

　　就在这场聚会的第二天，纳兰性德便病倒了，那是一直困扰着他的寒疾，整整七天，终于不汗而死。

　　过世的那天，也正好是卢氏的祭日——五月三十。

　　他终于可以不用再挣扎在理想与现实的冲突之间，徒劳地想要发出自己那微弱的呼唤，而是留下了这璀璨夺目的《纳兰词》，从此翩然而去。